KISS-Kinder

KISS-Kinder

Ursachen, (Spät-)Folgen und manualtherapeutische
Behandlung frühkindlicher Asymmetrie

Heiner Biedermann

 Ferdinand Enke Verlag Stuttgart 1996

Dr. med. Heiner Biedermann
Arzt für Chirurgie/Chirotherapie
Kampstraße 36
D-44137 Dortmund

Die Deutsche Bibliothek – CIP-Einheitsaufnahme

Biedermann, Heiner:
KISS-Kinder : Ursachen, (Spät-)Folgen und
manualtherapeutische Behandlung frühkindlicher Asymmetrie /
Heiner Biedermann. – Stuttgart : Enke, 1996
    ISBN 3-432-27611-7

Wichtiger Hinweis

Wie jede Wissenschaft ist die Medizin ständigen Entwicklungen unterworfen. Forschung und klinische Erfahrung erweitern unsere Erkenntnisse, insbesondere was Behandlung und medikamentöse Therapie anbelangt. Soweit in diesem Werk eine Dosierung oder eine Applikation erwähnt wird, darf der Leser zwar darauf vertrauen, daß Autoren, Herausgeber und Verlag große Sorgfalt darauf verwandt haben, daß diese Angabe dem **Wissenstand bei Fertigstellung des Werkes** entspricht.

Für Angaben über Dosierungsanweisungen und Applikationsformen kann vom Verlag jedoch keine Gewähr übernommen werden. **Jeder Benutzer ist angehalten,** durch sorgfältige Prüfung der Beipackzettel der verwendeten Präparate und gegebenenfalls nach Konsultation eines Spezialisten, festzustellen, ob die dort gegebene Empfehlung für Dosierungen oder die Beachtung von Kontraindikationen gegenüber der Angabe in diesem Buch abweicht. Eine solche Prüfung ist besonders wichtig bei selten verwendeten Präparaten oder solchen, die neu auf den Markt gebracht worden sind. **Jede Dosierung oder Applikation erfolgt auf eigene Gefahr des Benutzers.** Autoren und Verlag appellieren an jeden Benutzer, ihm etwa auffallende Ungenauigkeiten dem Verlag mitzuteilen.

Geschützte Warennamen (Warenzeichen®) werden **nicht immer** besonders kenntlich gemacht. Aus dem Fehlen eines solchen Hinweises kann also nicht geschlossen werden, daß es sich um einen freien Warennamen handelt.

Das Werk, einschließlich aller seiner Teile, ist urheberrechtlich geschützt. Jede Verwertung ist ohne Zustimmung des Verlages außerhalb der engen Grenzen des Urheberrechtsgesetzes unzulässig und strafbar. Das gilt insbesondere für Vervielfältigungen, Übersetzungen, Mikroverfilmungen und die Einspeicherung und Verarbeitung in elektronischen Systemen.

© 1996 Ferdinand Enke Verlag, P.O. Box 30 03 66, D-70443 Stuttgart – Printed in Germany
Umschlaggestaltung: Gerhard Weitbrecht und Isabelle Doll
Satz und Druck: Calwer Druckzentrum GmbH, D-75365 Calw
Schrift: 10/11 Times, System CarryOn   5 4 3 2 1

Danksagung

Ohne die zahllosen Diskussionen mit den Eltern meiner kleinen Patienten hätte ich nicht die Fragen gekannt, die ich in diesem Buch zu beantworten hoffe. Ihrem Vertrauen sei ganz zu Anfang gedankt. Wichtig ist auch die freundschaftliche Kritik und die Hinweise auf Lücken und Verbesserbares, die von vielen Seiten kamen.

Aus den Reaktionen auf vorhergehende Veröffentlichungen wurden etliche Aspekte deutlich, die mir anfangs gar nicht als Verständnisprobleme gewärtig waren. Auch die zahllosen Telefonate der Kinderärzte und Therapeuten, die die kleinen Patienten mitbetreuten, gaben immer wieder Anregungen, die im Zettelkasten landeten und in dieses Manuskript mit eingeflochten wurden.

Sybille Biedermann, Mathilde Dohmann, Brigitte Dönning, Peter Härtwig, Hartmut Knöpke, Lutz Koch, Ansgild Kowél, Frederike Krempl, Bruno Maggi, Barbara Merten-Kemper, Beatrix Schulte-Wien, Anke Seeger, Iris Strutz, Reinhard Theiler, Ulla Wörmann und einige, die ich sicher vergessen habe, haben den Text gelesen und ihre Kommentare und Ergänzungen als Arzt, PhysiotherapeutIn, Mitarbeiterin oder Betroffene und Interessierte gegeben. Ohne diese Kritik in allen Phasen der Entstehung hätte ich meine eigene „Betriebsblindheit" wohl kaum überwinden können.

Lothar Gockel, Pierre Leterme und Frank Spinelli fertigten die Abbildungen an, Bernd v. Breitenbuch unterstützte verlegerisch die Anfänge dieses Projekts. Mein besonderer Dank gilt dem Enke-Verlag, Frau Dr. Kuhlmann und Dr. Kraemer, die zu einem schwierigen Zeitpunkt entscheidend halfen.

Nun hoffe ich, daß Sie beim Lesen so viel Spaß haben wie ich beim Schreiben, und daß dieses Buch vielleicht beim einen oder anderen Kind auf eine sinnvolle Behandlung aufmerksam macht. Wenn dies erreicht werden konnte, hat sich die Mühe gelohnt.

Antwerpen/Dortmund, Frühjahr 1996

Vorwort

„Es ist durchaus nicht natürlich, daß jeder sieht, was da ist". Diese [Bemerkung] des Kunsthistorikers HEINRICH WÖLFFLIN hat die psycho-physiologische Forschung vielfach und exakt bestätigt. Jäger erkennen die Vogelart an ihrer Flugweise auf große Entfernung; indem sie kleinste Flugbildunterschiede zu werten gelernt haben, offenbart sich ihnen, was anderen Menschen verschlossen bleibt. Kunsthistoriker lesen aus Bildern vergangener Zeiten unendlich viel mehr heraus als Ungeschulte. Auch versierte Mediziner vermögen [Krankheitszeichen] noch zu sehen, wenn sie Laien nicht auffallen, sei es, daß sie zu diskret oder durch Eklatantes überdeckt sind.

H. VOGT: Das Bild des Kranken
Springer, 1980

Natürlich war die gedankliche Verbindung mit dem Kuß beabsichtigt… Nehmen Sie den hier vorgestellten Begriff „KISS" einfach als kompakte Abkürzung. Er umschreibt ein Krankheitsbild, das im letzten Jahrzehnt herauskristallisiert werden konnte. **K**opfgelenk-**I**nduzierte **S**ymmetrie-**S**törungen – das heißt: von schmerzhaften Verspannungen des oberen Halses ausgelöste Beschwerden bei Kleinkindern – werden hier dargestellt, ihre Behandlung erläutert, Spätfolgen unbehandelter Probleme aufgeführt. Diese Dinge sehen zu helfen, ist eigentliche Hauptaufgabe des vorliegenden Buches. Hinter dem Bluterguß im Halsmuskel die Zerrung der Wirbelsäule als Hauptproblem zu erkennen, in einem hyperaktiven Kind *auch* die Störung der Kopfgelenke zu vermuten oder bei behinderten Kindern diesen Ansatz als Hilfe nicht zu vergessen – dafür soll hier mit Beispielen und anhand unseres heutigen Wissensstandes das Verständnis geweckt werden.

Es soll für eine neue Sichtweise auf manch altbekanntes Problem geworben werden, eine Perspektive, die einfache und effiziente Wege der Behandlung öffnet. Dabei stehen ganz bewußt nicht die Spezialisten im Mittelpunkt, sondern die, mit denen Babies und Kinder mit derartigen Problemen zuerst in Berührung kommen. Das sind zuerst die Eltern, aber auch die Hebammen, Gynäkologen und Betreuer, später die Kindergärtnerinnen und Physiotherapeutinnen.

Als ich vor über fünfzehn Jahren erstmals daran dachte, ein Buch über die Manualtherapie von Kleinkindern zu schreiben, hatte ich ungefähr 50 Säuglinge behandelt. Mir war alles klar – dachte ich damals[1]. Die Jahre vergingen; immer mehr Säuglinge wurden zur Behandlung gebracht. Wo vorher alles einfach schien, bemerkte ich jetzt Zwischenbefunde, spezielle Verläufe. Meine ursprüngliche Sicherheit, alles zu wissen, schrumpfte immer schneller. Ich legte das Projekt zu den vielen anderen – auf Eis.

Nach viertausend behandelten Kleinkindern bin ich wieder da angelangt, wo ich nach den ersten fünfzig Babies zu sein glaubte: manches scheint klar, viele Linien

---

[1] „Experience is what you imagine you have until you get more" sagen die Amerikaner.

Eine Frage der Perspektive. Diese Abbildung stammt aus einem Schulbuch von 1939. Daß aus der Frau im Hintergrund eine Riesin wurde, scheint damals nicht aufgefallen zu sein. Wenn man darauf hinweist, ist es ganz einfach zu sehen…

zeichnen sich immer deutlicher ab. So konnte nicht nur das Bild dieser frühkindlichen Probleme schärfer gefaßt werden; durch deren bessere Kenntnis war es auch möglich, die Verbindungen zu Krankheitsbildern bei Schulkindern und Heranwachsenden aufzuzeigen. Diese Zusammenhänge für die betroffenen Familien verständlich zu machen möchte ich mich hier bemühen. Es sei aber als Erfahrung all der Jahre mit den Kindern betont, daß dies ein Zwischenbericht ist, Stand der Dinge im Jahre 1996.

Wie Sie beim Studium der Inhaltsangabe sicher schon gesehen haben, ist das Ganze dreiteilig aufgebaut. Am Anfang steht das konkrete Problem, was wir fanden. Was beobachteten die Eltern, welche zusätzlichen Symptome erwartet man beim Untersuchen, wie wird behandelt. Diese Fragen stehen hier im Mittelpunkt.

Im zweiten Teil dieses Buches soll versucht werden, in schnellen Schritten durch die Naturwissenschaften eilend so viel zusammenzusammeln, um so dem Leser eine Idee vom Schauplatz des Geschehens und den Spielregeln zu geben, ohne daß dieser Spezialist sein muß. Wenn Sie sich von der Masse der Fakten erschlagen fühlen, nehmen Sie es leicht; man läßt uns Ärzten über zehn Jahre Zeit, all das zu lernen in Studium und Facharztausbildung.

Im dritten Teil die sich daraus für andere Problemfelder ergebenden Konsequenzen. Ich möchte versuchen, den Bogen zu den Problemen der Kinder im Schulalter zu schlagen, zu Schwierigkeiten, die auf den ersten Blick oft nicht als wirbelsäulenbedingt erkannt werden. Die Mitbehandlung von Kindern mit neurologischen Krankheiten wird vorgestellt, ihre Möglichkeiten (und Grenzen) erläutert. Dabei wurde versucht, mit möglichst konkreten Beispielen zu arbeiten.

Man verzeihe dem Schwaben manchen „philosophischen Schlenker", aber in die Art der Therapie geht eben auch und vor allem das als Handlungsmaxime ein, was man so im Hinterkopf hat. Das wurde hier bewußt nicht ausgeklammert, wissend (und in der Hoffnung), damit Widerspruch zu provozieren. Nur durch solche Diskussion lernen alle Beteiligten.

An einigen Stellen wurde die „gemixte" Berufsbezeichnung *PhysiotherapeutInnen* benutzt. Diese Geste wurde bewußt nicht konsequent durchgehalten; dann wär"s ja keine Geste mehr. Jegliche Geschlechtsspezifität bei Berufsbezeichnungen bitte ich also als zufällig und unwichtig zu betrachten.

Noch eine Bemerkung zum Schluß: Dies will keine wissenschaftliche Monographie zum Thema *Manualtherapie bei Kindern* sein. Sie wird in anderer Form vorgelegt werden und dann das an Statistik und Quellenangaben enthalten, was hier zuviel des Guten wäre. Ich wollte auf die Zusammenhänge soweit eingehen, wie es für das Verständnis von KISS & Co. nötig ist und bin dabei hoffentlich nicht zu weitschweifig geworden. Deshalb sind keine bibliographischen Hinweise verarbeitet. Das Buch richtet sich an alle, die mit Neugeborenen und (Klein-)Kindern zu tun haben, sei es als Hebamme, Physiotherapeut oder Kindergärtnerin. Das soll Ärzte nicht von der Lektüre abhalten.

Im Anhang sind für Interessierte einige weiterführende Publikationen aufgeführt, deren völlig subjektive Auswahl aber keinerlei Anspruch auf Vollständigkeit erhebt. Ein Glossar steht bereit, in dem die wichtigsten „fachchinesischen" Begriffe erklärt sind.

Inhalt

1 KISS & Co.

„Kopfgelenk-induzierte Symmetriestörungen" – da kräuseln sich bei den meisten Lesern sicher die Nackenhaare: was soll denn das heißen?? Nun, reduzieren wir es für den Anfang auf das Substantiv: *Symmetriestörung*, Abweichung von der Haltung in Mittelstellung. Alles, was nach links oder rechts abweicht, ist ziemlich einfach als „Schiefheit" zu erkennen; auch massives Durchstrecken nach hinten gehört dazu (vgl. Abb. 1.3).

Diese Haltungsabweichungen sind schon lange bekannt. In der orthopädischen Literatur wurde schon vor Generationen darauf hingewiesen und wie das Zitat ANDRYs zeigt (vgl. 2.1), begann die Geschichte dieser Fachdisziplin eigentlich damit; „Orthopädie" ist im Wortsinn die Lehre vom geraden Kind. Immer wieder aber schwankte die Beurteilung derartiger Abweichungen vom Normalen zwischen Bagatellisierung und Ernstnehmen. Man sprach von „physiologischer Säuglingsskoliose" – also einer normalen Situation ohne Behandlungsnotwendigkeit – oder man schnallte die Babies in Gestelle (vgl. Abb. 2.3).

Deshalb soll im folgenden nicht nur das Krankheitsbild und seine effektive Behandlung dargestellt werden, sondern auch auf die möglichen Spätfolgen unbehandelter Schiefhaltungen eingegangen werden. Erst wenn man sich darüber klar ist, wie gewichtig deren Konsequenzen sein können, sucht man nach den Frühformen in der Hoffnung, diese einfacher als die Probleme bei Älteren behandeln zu können (Abb. 1.1 a–d).

Auf der Suche nach der Ursache stießen wir dann auf die Kopfgelenke als Auslöser bei den meisten Kindern. Der Ausdruck „Kopfgelenke" bezeichnet die Übergangszone zwischen der Schädelbasis und der Halswirbelsäule, also den oberen Nackenbereich. Der zweite Teil des Buches soll für die Rolle dieser Region in der Steuerung unseres Organismus einige Hintergrundinformationen vermitteln.

KISS wurde nicht mit diesem Namen geboren. Bei der Vielfalt der Symptome und den zahlreichen anderen Methoden, mit denen diese behandelt werden, verwundert es kaum, daß verschiedene Bezeichnungen gebraucht wurden. Kein Name fällt vom Himmel, und manchmal tut man sich furchtbar schwer damit. In unserem Buch von 1984[1] hatten wir das Krankheitsbild bei Kleinkindern noch als *cervical-diencephal-kinesiologisches Syndrom* bezeichnet. Kein sehr schöner Ausdruck, von griffig ganz zu schweigen… Das Nachdenken über Hunderte von Fällen führte schließlich zum Begriff der Kopfgelenk-induzierten Symmetriestörungen, der sich so schön als KISS abkürzen ließ[2].

Das Wissen um das „KISS-Syndrom" hat sich erst im Laufe der Zeit herauskristallisiert. Zu Anfang standen die Beschwerden und Auffälligkeiten, die praktisch

---

[1] GUTMANN/BIEDERMANN: Die Halswirbelsäule: Allgemeine funktionelle Pathologie und klinische Syndrome. Fischer, Stuttgart 1984.

[2] Netterweise fiel mir noch eine „passende" englische Übersetzung ein: Kinematic imbalances due to suboccipital strain.

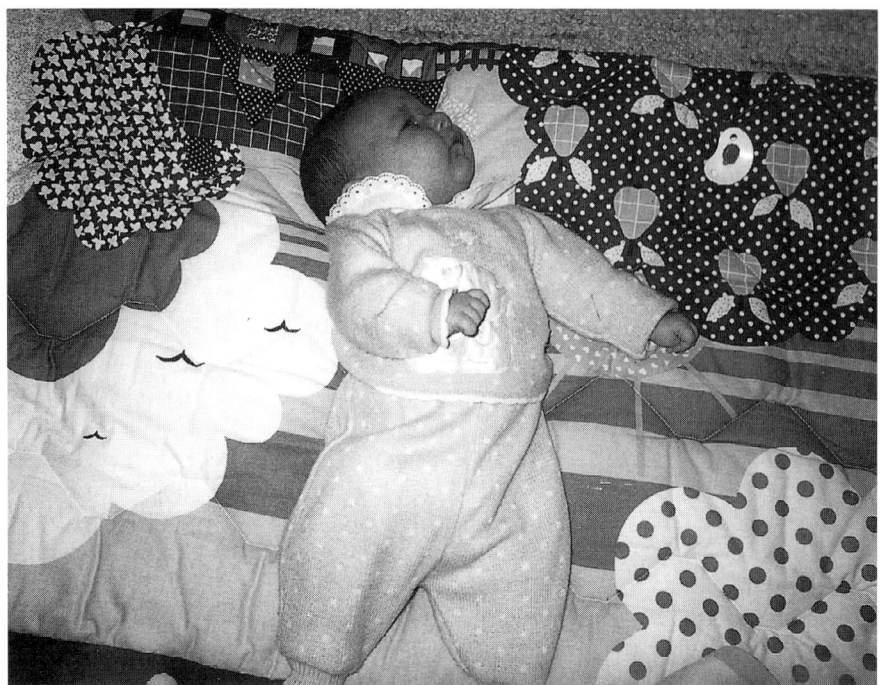

1.1a

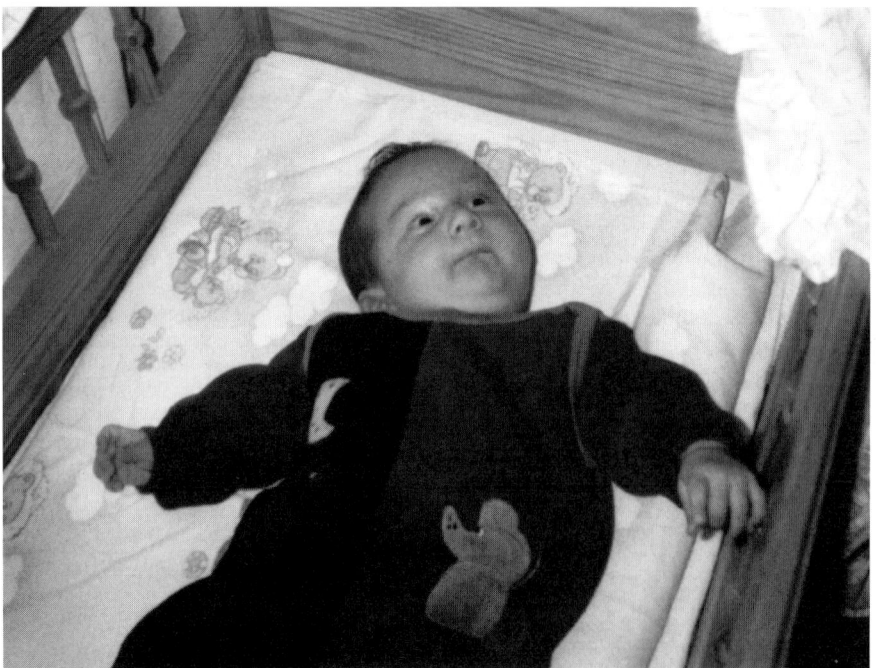

1.1b

1.1c

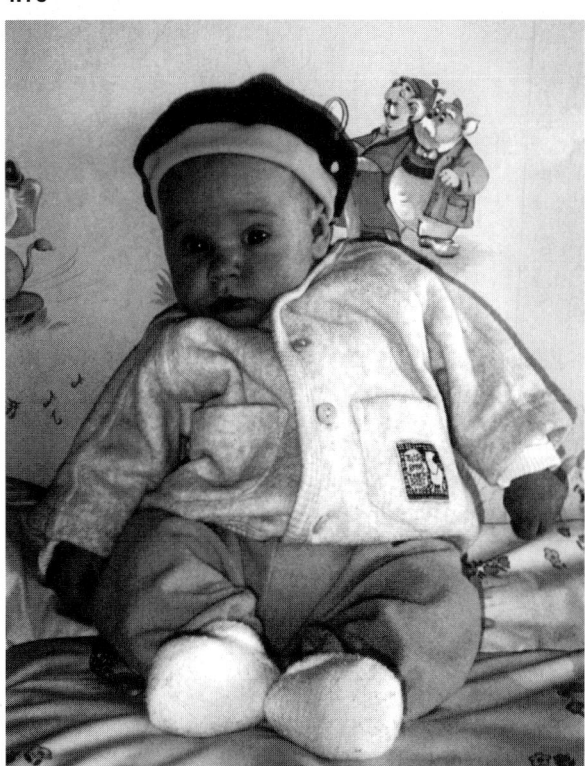

1.1d

Abb. 1.1 a–d
KISS-Kinder. Diese vier Photos unserer kleinen Patienten sind für sich alleine betrachtet „harmlos". Wenn man sie so insgesamt sieht, fällt es hoffentlich leichter, die Gemeinsamkeiten der Haltung zu erkennen. Jedes Baby nimmt irgendwann einmal eine solche Haltung ein; das soll uns nicht bekümmern. Wenn es aber Schwierigkeiten hat, überhaupt aus einer derartig einseitigen Position herauszukommen, müßte man hellhörig werden. Bei den Drillingen (1 c) ist es im übrigen der mittlere.

ausschließlich durch Störungen der Funktion der oberen Halswirbelsäule verursacht sind. Hier war die Verbindung am engsten und klarsten. Sie sind im folgenden im Abschnitt *Schiefheit* zusammengefaßt.

Dann gibt es eine zweite Gruppe von Symptomen, die oft, aber nicht immer von der Wirbelsäule ausgehen. Schließlich kam es im Laufe der Zeit immer wieder zu Einzelbeobachtungen, die sich nicht verallgemeinern lassen, die aber interessante Hinweise geben können. Diese sind – ohne Anspruch auf Vollständigkeit – im letzten Abschnitt zusammengefaßt.

Bevor wir so auf die einzelnen Symptome eingehen, die zum KISS-Syndrom gehören, sei dieses umfangreiche Gebiet vorab an einigen Einzelbeispielen erläutert.

Beispiel 1: Kevin wird in diesem kurzen Bericht nicht mit einem Pseudonym versehen, in meiner Statistik finde ich 131 Träger dieses Namens (September 1995), da ist Anonymisierung nicht nötig. Er kam mit sechs Monaten zu uns, war also ganz typisch für KISS-Kinder. Auch mit seiner Entwicklung vor der Erstvorstellung war er das:

Normale Entbindung, am Schluß dann doch noch Saugglocke, da es nicht vorwärts ging, das heißt zum einen relativ lange den Preßwehen ausgesetzt, zum anderen kräftig am Kopf gezogen, um das Licht der Welt zu erblicken.

„Mir ist am Anfang nichts aufgefallen" berichtet die Mutter. Auch im gelben „U"-Heft findet sich die erste Eintragung bei der U3: *Haltungsasymmetrie, beobachten.* Weitere vier Wochen später wird Kevin einem Orthopäden-Kollegen vorgestellt, der ihn dann zu mir schickte.

Bei der Untersuchung findet sich eine fixiert seitlich durchgebogene Wirbelsäule, was man als *C-Skoliose* bezeichnet. Er hält den Kopf rechts geneigt und links gedreht, was wir als linkskonvexe Haltung bezeichnen. Bei den Reflextests, wie man sie zur genaueren Überprüfung der Diagnose einsetzt, zeigt er das typische Verhalten mit entsprechenden Unterschieden bei Links- und Rechtsneigung, bei Kippung und beim Hochziehen.

Das genaue Durchuntersuchen der Halswirbelsäule zeigt eine vermehrte Druckempfindlichkeit an der linken Seite, beim Neigen des Kopfes nach links kommt ein entschiedener Protest.

Wie bei all unseren kleinen Patienten überprüfen wir den Befund mit einem Röntgenbild: Es „paßt", und zeigt eine Asymmetrie zwischen oberer Halswirbelsäule und Schädelbasis, in diesem Fall stehen der erste und zweite Halswirbel relativ weiter links im Verhältnis zur Schädelbasis. Die Behandlung setzt in diesem Fall an den beiden obersten Halswirbeln an (darüber weiter unten mehr).

Kontrolliert wurde Kevin drei Wochen später beim Kollegen, die Haltung ist symmetrisch, eine Empfindlichkeit an der linken Halsseite besteht noch. Zwei Monate später erhalte ich den Kontrollbogen (den wir allen Eltern mitgeben, den wir aber nur von ca. einem Drittel zurückgeschickt bekommen). Auch hier wird die Normalisierung des Befundes bestätigt.

Beispiel 2: Lina kam etwas früher zur Behandlung, nicht zuletzt, weil ihre Beschwerden viel auffälliger waren als bei Kevin. „Mir ist das schon gleich nach der Geburt aufgefallen, daß Lina schief war", sagt die Mutter, „vor allem beim Stillen konnte ich sie an die eine Brust nur anlegen, wenn ich mich ganz darübergebeugt hinsetzte. Und dann wurde der Kopf auch ganz schief, das hat sogar mein Mann dann in der siebten oder achten Woche gesehen".

Vom ganzen Befund her ist Lina rechtskonvex, das heißt nach links durchgebogen, und hier noch zusätzlich nach hinten. Dadurch hat sie sich in den Wochen vor der Erstvorstellung (sie ist viereinhalb Monate alt) am Hinterkopf einen kahlen, haarlosen Fleck durch Abrieb geholt und die rechte Hinterkopfseite abgeplattet. Bei diesen Kindern ist dann meist die linke, das heißt die konkave Gesichtsseite, geringer ausgeprägt; so auch in Linas Fall.

Für die Behandlung bedeutet dies keine wesentliche Schwierigkeit. Man modifiziert die Technik ein bißchen, aber im Prinzip läuft es so ab wie bei den anderen Babies. Bei der Kontrolle – in diesem Fall durch die Physiotherapeutin zu Hause – war die Haltung weitgehend gebessert, aber noch nicht ganz symmetrisch. Beim Stillen gab es schon zwei Tage nach der Vorstellung bei uns keine Probleme mehr. Drei Wochen nachher wurde mit der Krankengymnastik für zwei Monate weitergemacht, und ein halbes Jahr später kam sie wieder zur Kontrolle.

Der Kopf war immer noch asymmetrisch (das ändert sich erst nach etlichen Monaten). Den kahlen, haarlosen Fleck gab es nicht mehr, und auf dem Röntgenbild, das wir in solch ausgeprägten Fällen dann zur Kontrolle wiederholen, war die Situation deutlich normalisiert. Sie wird von ihrer behandelnden Krankengymnastin weiter beobachtet werden, aber ich bin zuversichtlich, daß man mit Lina nicht mehr viel Therapie wird machen müssen.

Beispiel 3: Der Junge hieß nicht Gereon, da er aber einen ähnlich altehrwürdigen Namen hatte, wollen wir in so nennen. Er war fünf Monate alt, als ich ihn zum ersten Mal sah. Er war in unserem Sinne klassisch rechtskonvex (siehe Lina), aber nicht mit einer fixierten Rückbeuge. Bei der Untersuchung und Behandlung war nicht Besonderes, auch hatten die Eltern keine aus dem Rahmen fallenden Angaben gemacht.

Eine Woche nach der Behandlung ruft mich die Mutter an. „Wir wissen erst jetzt, was ein ruhig schlafendes Kind ist", ruft sie fast. „Am selben Abend schon schlief er einfach ein!". Das hatte sie nicht gekannt. Gereon war ihr erstes Kind, und sie hatte wohl auch keine Vergleichsmöglichkeiten im Bekanntenkreis, also sein Verhalten als normal hingenommen und selbst bei der Untersuchung (ich frage immer ganz explizit nach dem Schlafverhalten) nichts erzählt. Erst im Vergleich vorher – nachher war ihr das bewußt geworden.

Solche und ähnliche Fälle sehen wir täglich; sie werden so zur Normalität, daß mir erst die Diskussion mit den Korrekturlesern des Buchentwurfs klar machte, wieviel man als bekannt voraussetzt, weil es zur täglichen Routine gehört.

1.1 Was wir bei den Kindern fanden

Wir waren ausgegangen von den wenigen Kleinkindern, die wir anfangs behandeln konnten. Noch vor zehn Jahren sah ich vielleicht zwei Babies pro Woche, GUTMANN ungefähr das doppelte. Wir diskutierten immer wieder, wie man sich unsere Therapieerfolge erklären könnte. GUTMANNS Beobachtungen aus den fünfziger und sechziger Jahren waren wenig beachtet worden, und bei Vorträgen – zumal mit Kinderneurologen oder Kinderorthopäden im Publikum – gab es oft unschöne Debatten. Unser Ansatz war so ungewohnt für viele Kollegen im Publikum, daß sie entsprechend verständnislos darauf reagierten.

Als ich vor über fünfzehn Jahren die ersten Kleinkinder behandelte, war das für mich eine ganz neue Welt. Selber hatte ich damals noch keinen Nachwuchs, und im näheren Bekanntenkreis waren die Babies auch recht selten. Nun wurden mir die kleinen Dinger in die Hand gegeben. Ich hatte einfach Angst. Angst zu grob zu sein, Angst etwas zu übersehen.

Beide Ängste begleiten mich noch heute, und ich bin froh darüber; genauso dankbar, daß bisher noch nie etwas Ernsthaftes passierte und – noch mehr – daß ich noch keine schlimmeren Dinge übersehen habe. Beides ist nicht garantiert, und man sollte es mit dem Motto des Chirurgen SAUERBRUCH ernst nehmen, der seinen Assistenten sagte: „An dem Tage, an dem Sie den OP betreten und keine Angst haben, heute einen Fehler zu machen, sollten Sie das Skalpell weglegen"[3].

Bei den ersten Kleinkindern war jeder Fall anders. Es waren in der Regel ganz dramatische Geschichten, bei denen man „die letzte Hoffnung" war, oder eben der x-te Versuch, doch noch etwas zu bessern. Im Laufe der Zeit lernten wir dann, wo man mit einigem Optimismus einen Erfolg erwarten konnte, und wo eine manualtherapeutische Behandlung eher wenig sinnvoll war. So kristallisierten sich einige Beschwerdekomplexe heraus, und wir versuchten die Logik dahinter zu begreifen.

Die Untersuchung von Haltungsstörungen und Kopfschmerzen Jugendlicher und bei Schulkindern konfrontierten uns immer mehr mit der Tatsache, daß die eigentlichen Ursachen derartiger Beschwerden viel weiter zurücklagen, als dies der Beginn der Klagen der Kinder vermuten ließ. Nicht zuletzt dadurch waren immer jüngere Kinder untersucht und behandelt worden.

Dieses Vorarbeiten zu immer jüngeren Patienten förderte ein Beschwerdemuster zutage, das sich grob in folgende Gruppen gliedern ließ:

Die Schiefheit

Bei fast allen Kindern, die wir sahen, lag eine mehr oder weniger ausgeprägte Schiefheit vor. Das konnte nur einen Teil des Körpers betreffen – zum Beispiel einen fixiert schräggehaltenen Kopf – oder sich über den gesamten Organismus erstrecken. Solche Bilder pflegt man C-Skoliose zu nennen, weil die Babies wie ein „C" daliegen.

Auffällig bei diesen Kindern war auch, daß sie dabei noch eine „Schokoladenseite" hatten. Sie benutzten eine Hand mehr als die andere, drehten sich lieber über eine Seite, schliefen auf einer bestimmten Seite etc. Am Anfang war es schwer, ein Muster zu finden. Wenn man gerade mal ein paar Dutzend asymmetrische Babies gesehen hat, kann man noch nicht viel über die Zusammenhänge sagen.

---

[3] So hat mir das mein Vater berichtet, der Assistenzarzt bei SAUERBRUCH an der Charité in Berlin war.

Im Laufe der Zeit wurde klarer, daß bestimmte Kombinationen von Auffälligkeiten zusammengehörten: Ein Kind, das den Kopf nach links geneigt hatte, hielt diesen auch fast immer nach rechts gedreht. War es zu einer Asymmetrie des Schädels gekommen, so war in solchen Fällen das linke Gesicht schwächer entwickelt, die rechte Wange stärker. Eine Abplattung am Hinterkopf war meist rechts, auch ein kahler Fleck von einseitigem Haarabrieb war dann rechts zu erwarten (Abb. 1.2).

Die Arme und Beine wurden meist an der Innenseite des „C" weniger bewegt, aber diese Abhängigkeit war weniger stark. Auch die Hüftprobleme fanden sich eher innen im „C", d.h. an der Konkavität der Fehlhaltung. Das kann bis hinunter zu den Füßen gehen, wo man dann einseitige Sichelfußstellung findet.

Viele Kinder sind erst durch die Befunde an den Füßen oder durch Asymmetrien an den Pofalten näher untersucht worden. Von da aus fand man dann die Einschränkungen der Kopfbeweglichkeit und letztendlich die Störung an der oberen Halswirbelsäule als Auslöser des Ganzen.

So stand die Asymmetrie im weitesten Sinne am Anfang der Erkenntnis. Wie immer, wenn man sich intensiv mit einem Problem auseinandersetzt, kommt man mit tieferem Verstehen auch zu mehr und mehr Ausnahmen, die die Regel bestätigen: wir kennen heute Fälle, die überhaupt keine Seitasymmetrie aufweisen und trotzdem KISS-Fälle sind. Hierzu kommt es, wenn das Ausweichen nicht zur Seite erfolgt, sondern nach hinten. Diese Babies haben praktisch eine C-Skoliose nach hinten; nur nennt man das definitionsgemäß nicht Skoliose, sondern man spricht von einer Hyperlordose oder Opisthotonie, zu deutsch: einer übermäßigen Rückbeugung des Rumpfes. Bei diesen Kindern berichten die Mütter manchmal spontan, daß sie sie nur an einer Seite stillen können.

Abb. 1.3 zeigt ein solches Kind. Diese Kleinen sind oft auch daran zu erkennen, daß sie die meiste Abplattung am Hinterkopf haben, da sie ihren Kopf mit Macht gegen die Unterlage drücken. Nicht selten findet sich aber auf unserer Standard-Röntgenaufnahme kein beeindruckender Befund, da man hier besser die Seitneigung als das nach hinten Gekippte sehen kann. Hier ist es vor allem die Haltung selbst, die schon auf den ersten Blick an die Diagnose denken läßt.

Auch hier gilt, daß man nicht vor lauter Wirbelsäule die anderen Ursachen vergessen sollte: es gibt z.B. Infektionen des Hirns und der Hirnhäute, die ähnliche Haltungen verursachen. Doch meist hilft der Verlauf, hier zu unterscheiden.

Über die Asymmetrie hinaus

Das Behandeln der kleinen KISS-Kinder macht klar, daß man nicht im luftleeren Raum arbeitet, sondern ganz entscheidend auf die Kooperation der Kollegen angewiesen ist, seien es Kinderärzte und Kinderorthopäden oder auch KrankengymnastInnen, Kindergärtnerinnen oder GrundschullehrerInnen. Die müssen erst einmal auf die Idee kommen, daß ein Problem mit Funktionsstörungen der Wirbelsäule zusammenhängen könnte, daß überhaupt etwas nicht in Ordnung ist.

Gerade bei den ganz kleinen Kindern ist das oft nicht so trivial, wie man am grünen Tisch sitzend meinen könnte. Wie viele Babies schreien stunden- und tagelang, ohne daß man ihnen helfen kann? Wieviele Eltern verzweifeln dabei, neben solch ei-

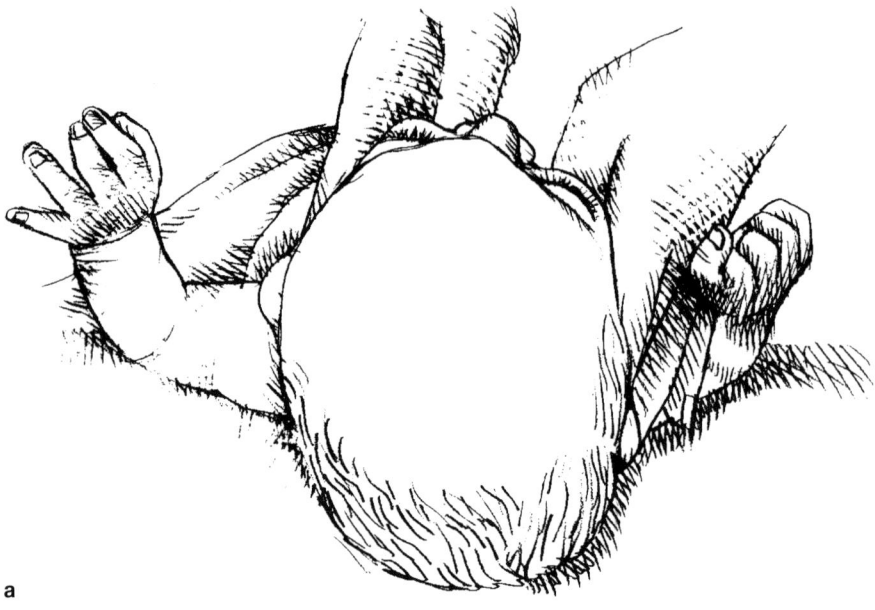

a

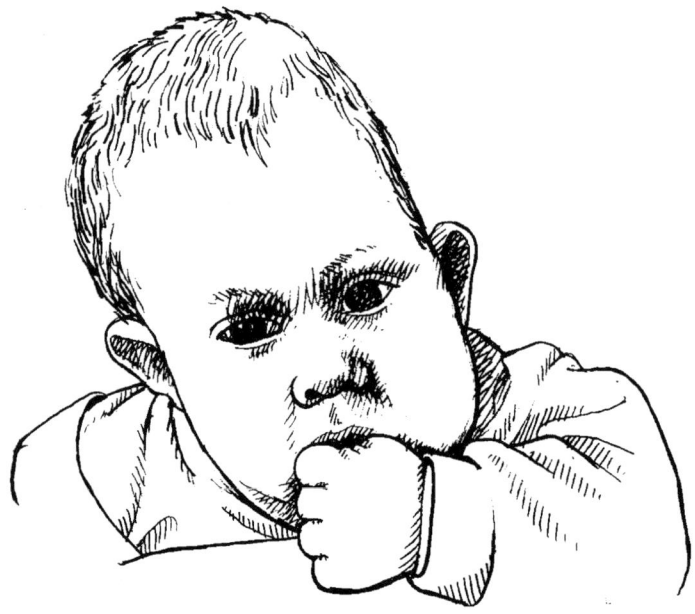

b

Abb. 1.2 a, b   Schädelasymmetrie. So gravierende Befunde sind auch bei uns selten. Sie machen ungefähr 10 % aus; das heißt immer noch, daß wir pro Tag ein KISS-Baby mit derart starker Schädelverformung sehen.

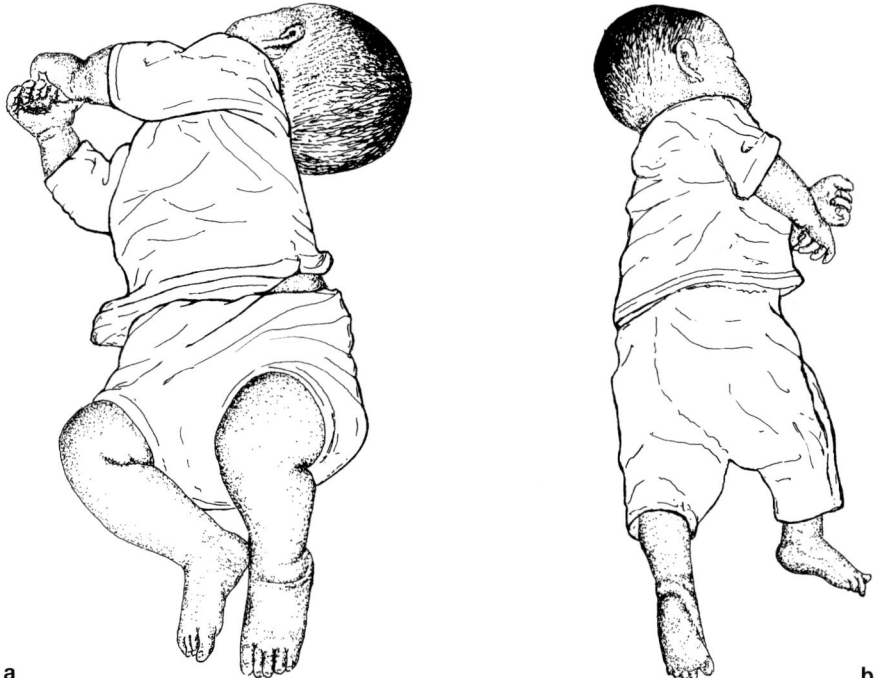

a   b

Abb. 1.3 a, b Ein „symmetrisches" KISS-Baby. In diesem Fall war die maximale Rückbeuge das Auffallendste. Die Seitneigung war gerade noch asymmetrisch genug, um an
ein KISS-Problem denken zu lassen, nachdem der Kinderarzt die anderen möglichen Ursachen bestmöglich ausgeschlossen hatte. Nach der Behandlung normalisierte sich die
Schlafhaltung schnell. Den beiden Zeichnungen lagen Fotos zugrunde, die mir der Vater
zur Verfügung gestellt hatte.

nem kleinen Wicht zu sitzen und keine Idee zu haben, wie man ihm helfen könnte?
Eine Mutter sagte mir, sie habe ihr Kind stundenweise alleine zu Hause im Bettchen
gelassen, weil sie das ewige Geschrei einfach nicht mehr aushalten konnte, und sei
um den Block spazieren gegangen – natürlich mit extrem schlechtem Gewissen. Wie
viele Kinder haben die berühmt-berüchtigten „Dreimonatskoliken", bei denen den
Eltern auch nicht viel zur Hilfe an die Hand gegeben wird?

All diese Kinder sollten zumindest auf wirbelsäulenbedingte Probleme hin untersucht werden. Das Abtasten des Halses, die Prüfung der Drehfähigkeit des Kopfes
nach links und rechts sind keine Geheimwissenschaft. Wenn man hier Auffälliges
bemerkt hat, zieht man einen Spezialisten hinzu.

Von hier aus haben sich diejenigen, die mit Babies und Kleinkindern zu tun haben, weiter vorgearbeitet. Eigentlich sollte man besser „zurückgearbeitet" sagen, da
man vom Symptom „Asymmetrie" aus auf dessen Vorläufer aufmerksam wurde. *Re-
verse engineering* nennt man das auf Englisch: Man schaut sich eine Maschine oder
eine Situation an und versucht zurückzuverfolgen, woher das Ganze kam, wie die
Maschine konzipiert ist. Ein Großteil unserer medizinischen Erkenntnis ist so ge-
sammelt worden.

So auch bei KISS: nachdem wir wußten, daß viele Schreikinder *auch* schief waren, schaute man sich Schreikinder, die auf den ersten Blick kaum durch Schiefheit aufgefallen waren, daraufhin genauer an.

So ging man dann auch bei den anderen Detailphänomenen vor, die oft bei KISS eine Rolle spielen:

● Reifungsprobleme der Hüftgelenke, oft einseitig.

Hier geht viel durcheinander, von einer oft einseitigen Verzögerung der Entwicklung bis hin zu echten Fehlanlagen der Hüftpfanne. Voraussetzung für eine Behandlung über die Wirbelsäule ist hier, daß man andere Ursachen nicht bagatellisiert und aus dem Auge verliert. Auch bei Familien, in denen Hüftprobleme gehäuft vorkommen, lohnt sich eine Untersuchung und Behandlung eventuell gefundener Wirbelsäulenprobleme als Begleitbehandlung. Je nach Schweregrad und Alter bei Entdeckung des Problems ist die funktionelle Behandlung der Wirbelsäulenprobleme ergänzend oder ersetzend zu Spreizwindel oder Abduktionsschiene zu sehen.

● Fehlstellungen der Füßchen bis hin zum Sichelfuß.

Das sind schon ganz zu Anfang auffällige Zeichen. Auch hier ist die Wirbelsäulenbehandlung nicht Alternative, sondern Ergänzung zu anderen Verfahren. Natürlich ist eine funktionelle Behandlung immer einer passiv wirkenden Therapie vorzuziehen: Es ist schöner und wirksamer, eine gestörte Funktion zu optimieren und dadurch die Fußstellung zu bessern als durch einen Verband oder Gips den Fuß geradezustellen. Ähnliches gilt später für die Einlagen (s.u.)

● Schlafstörungen, Schreien im Schlaf.

Dies umfaßt eine Fülle von Schwierigkeiten, die den Eltern bei leichteren Fällen oft gar nicht bewußt sind. Im Zeitalter der Einzelkinder fehlt oft der Vergleich, und nicht wenige Eltern berichten erst auf dem Kontrollbogen, daß ihr Kind nach der Behandlung viel ruhiger schlafe.

Gerade die Einschlafstörungen sind ganz typisch für KISS-Kinder: „Sie findet gar keine Ruhe im Bettchen" – „Er dreht und wendet sich andauernd und schläft erst ein, wenn er ganz k.o. ist" – Das sind häufige Beschreibungen der Lage durch die Eltern.

● „Haare-Raufen", hohe Tastempfindlichkeit des Nackens.

Wie bei etlichen anderen hier erwähnten Symptomen auch muß dies ganz gezielt erfragt werden. Meist berichten es die Eltern erst nachträglich, im Vergleich vorher – nachher fällt ihnen eher etwas auf. Gerade dieses Sich-Wehren-Gegen-Berührung ist auch ein gutes Indiz für erneut aufgetretene Beschwerden, d.h. für eine dann notwendige Kontrolluntersuchung.

Alle diese Schwierigkeiten *müssen* nicht von KISS kommen, aber meist ist es so, und KISS zu behandeln, ist in aller Regel die einfachste Methode; so einfach, daß sich oft der Versuch lohnt, auch wenn man sich zu Beginn nicht so ganz sicher ist, daß man auf die richtige Fährte gestoßen war.

Was sonst noch auffiel

Kinder, die kaum Asymmetriesymptome haben, fallen durch andere, oft nur schwer als wirbelsäulenbedingt einzustufende Beschwerden auf. Dazu gehören zum Beispiel unklare Fieberschübe, Schlaf-Wachstörungen, allgemeine motorische Unruhe. Diese Beschwerden sind – es sei hier nochmals betont – auch von vielen anderen Ursachen auslösbar. Man sollte erst dann von einer wirbelsäulenbedingten Problematik ausgehen, wenn

- andere wahrscheinliche Ursachen ausgeschlossen sind

- Symptome ausfindig gemacht werden können, die auf eine Asymmetrieproblematik hindeuten oder

- eine Testbehandlung deutliche Besserung brachte.

Gerade der letzte Punkt ist oft die sicherste Basis einer Diagnose; darauf hatte vor vielen Jahren schon einer der Großmeister der manuellen Therapie, der tschechische Neurologe LEWIT, hingewiesen. Aber man kann sich auch darauf nicht ganz verlassen. Wir kennen Fälle, bei denen sich Beschwerden durch manuelle Therapie besserten, obwohl z.B. ein Tumor dahintersteckte. Es ist fast nie so einfach, wie es auf den ersten Blick zu sein scheint…

Hier geraten wir nun in die Randgebiete. Sie sind, wie immer, nicht ganz präzise abzugrenzen und man muß aufpassen, daß solch eine Beschreibung nicht ausufert, zumal wenn man voll der guten Botschaft ist. Nehmen Sie also die folgenden kurz angerissenen Fallbeschreibungen als Denkanstoß und nicht etwa als „Beweis" für Zusammenhänge mit KISS in jedem ähnlichen Fall.

- Fieber

Fieberschübe bei Kindern sind immer eine pädiatrische Herausforderung. Man wird immer erst die gängigen Ursachen untersuchen und ausschließen, von Atemwegsinfekten über Nieren- und Blasenentzündungen, Allergien und anderem mehr. Erst dann kann man guten Gewissens daran denken, auch andere Gründe für erhöhte Temperatur in Erwägung zu ziehen.

Fehlende Veränderungen in den Laborwerten sind ein Anhaltspunkt; im Wesentlichen ist aber erst ein bestmöglicher Ausschluß anderer Ursachen zu fordern. Dann – und nur dann – kann man versuchen, über funktionelle Ansatzpunkte weiterzukommen. Hinweis auf die Halswirbelsäule ist die begleitende Asymmetrie oder andere KISS-Zeichen (vgl. Abb. 1.4).

- Sabbern

Viele „Sabberkinder" haben das typische Halstuch um, mit dem die Eltern zu vermeiden versuchen, daß das Hemdchen des Kindes x-mal am Tag gewechselt werden muß, weil es wieder einmal naß ist. Der fehlende Mundschluß *kann* durch Probleme der Muskelsteuerung in diesem Bereich – und damit auch im Hals-Nackenareal – verursacht und unterhalten werden. Dazu kommt dann oft eine zwanghafte Rückbeuge des Kopfes. Bei Babies äußert sich das in einer Haltung wie in Abb. 1.3:

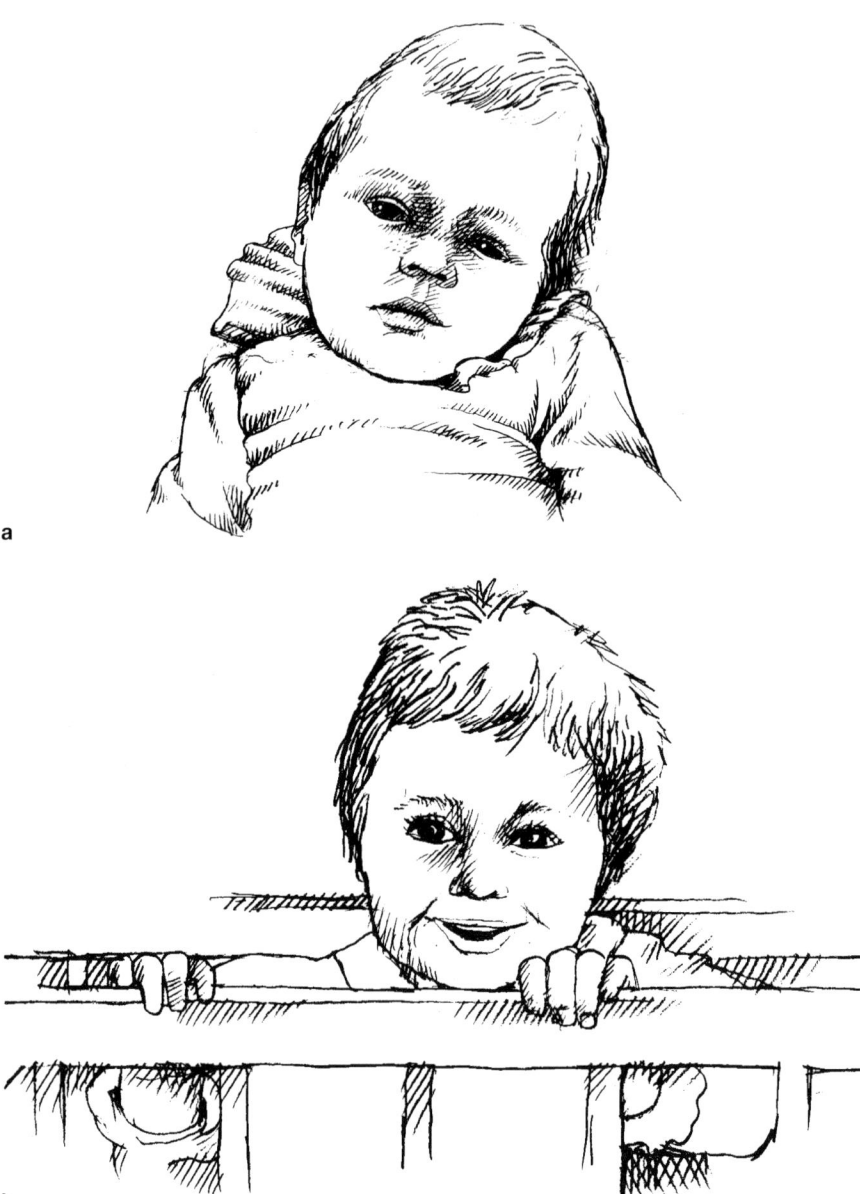

a

b

Abb. 1.4 a, b Ein Fieberkind. Dieses Baby wurde vor einigen Jahren wegen seines unklaren Fiebers von einer Klinik zur anderen gereicht. Alle Untersuchungen konnten keine Ursache für die immer wieder auftretenden Schübe erhöhter Temperatur finden. Schließlich kam das Kind zu uns, eher aus Ratlosigkeit als gezielt. Die Fehlhaltung und die Gesichtsasymmetrie waren der „Aufhänger". Auf **a** sieht man, wie die kleine Dame damals aussah. Die Untersuchung zeigte die typischen Einschränkungen der Kopf und Halsbeweglichkeit. Ohne allzuviel Optimismus behandelte ich das Kind. Einige Wochen später bekam ich die Rückmeldung, daß nach der Behandlung eine schnelle und durchgreifende Besserung erfolgte. Die Familie sandte mir dann ein Jahr später die „Aufnahme danach" (vgl. **b**).

„wie ein Flitzebogen nach hinten durchgebogen" – wie eine Mutter das nannte. Bei älteren Kleinkindern, die schon anfangen sich zu vertikalisieren, gibt dann die Brustwirbelsäule entsprechend nach, um überhaupt ein Geradeausschauen zu ermöglichen. Diese Kinder haben dann angeblich eine „schlaffe Haltung".

Wird die Ursache der Zwangshaltung an der oberen Halswirbelsäule beseitigt, kann sich diese aufrichten und die Haltung bessert sich. Dann läßt der Zwang zum offenen Mund nach, und das Sabbern hört auf.

● Schluckbeschwerden

Für diese gilt ähnliches wie für das Sabbern. Wenn die Koordination im Schlundbereich gestört ist, kann eine Ursache die Verspannung der Halswirbelsäule sein. Hier ist eigentlich nur der Erfolg nach Behandlung Indikator für einen ursächlichen Zusammenhang. Die Kinder kommen fast nie nur deshalb zur Behandlung. Eine Besserung dieser von den Eltern oft als Nebenprobleme empfundenen Störungen wird meist erst im Nachhinein berichtet.

● Lautieren und Sprechen

Spracherlernen ist ohne exakte Kontrolle der Schlundmuskulatur unmöglich. Schon von daher liegt ein Zusammenhang mit Steuerungsproblemen der Halsmuskulatur nahe. Wenn die Begleitzeichen in Richtung Asymmetrie weisen, kann man daran denken, die Halswirbelsäule in therapeutische Überlegungen mit einzubeziehen. Gerade auch in Kombination mit einem schlechten Mundschluß und bei Kindern, die viel sabbern, wird man eher an eine Ursache im Bereich Hals/Schädelbasis denken. Hier ist es ein bißchen wie bei Schielkindern: wir haben etliche Berichte von Kindern (sie sind meist älter als zwei Jahre), bei denen im Rahmen einer erfolgreichen KISS-Behandlung auch das Sprechen koordinierter wurde, wie auch das Schielen manchmal nachließ. Besonders auffällig ist das bei der Mitbehandlung behinderter Kinder im Schulalter. Für einen „Beweis" sind diese Fälle aber viel zu selten.

Wieviel davon auf die direkte Beeinflussung der Sprachmotorik zurückzuführen ist, kann nur schwer von der generellen Verbesserung der Wahrnehmung und damit der Reaktion auf das Wahrgenommene getrennt werden.

Mit jedem Kind, das wir sehen, wird die Neugierde größer. Ich erinnere mich an Kinder, bei denen sich eine Neurodermitis schlagartig besserte… Wahrscheinlich fährt man am besten, wenn man das in die Kategorie „Zufall" einsortiert. Auch etliche Fälle, bei denen Schielprobleme gebessert werden konnten, sollten nicht zu überschießenden Vermutungen mißbraucht werden. Wenn wir einmal so weit sind, daß die Untersuchung und Behandlung der HWS-Probleme zum Standardrepertoire der Kinderärzte gehören, wird man hier die Indikation für eine Behandlung großzügiger fassen – und einen besseren Überblick über die Auswirkungen in derartigen Fällen gewinnen.

1.2 Abschied vom „muskulären Schiefhals"

Es gibt in der klassischen Kinderorthopädie die Diagnose des *muskulären Schiefhalses*. Man bezeichnet damit ein Krankheitsbild, bei dem der vorn am Hals schrägverlaufende Muskel durch einen Bluterguß verdickt und später verkürzt ist und so den Kopf schiefzuziehen scheint.

Das ist eigentlich eine ganz plausible Sache: Den dicken Knubbel kann man oft direkt nach der Geburt oder einige Zeit später tasten, der Muskel ist verhärtet und verkürzt, und natürlich zieht er dann den Kopf krumm. Jahrzehntelang (und noch heute) werden diese kleinen Patienten dann operiert und der Muskel verlängert, um den Kopf wieder gerade zu bekommen. Ein prominentes Beispiel dafür ist Wilhelm II. Er hatte bei der Geburt neben dem Schiefhals auch einen Nervenschaden des linken Armes erlitten (Abb. 1.5). Man bezeichnet das heute als ERBsche Lähmung. Sie ist immer von Störungen der Halswirbelsäule begleitet, deren Behandlung die Rückbildung der Lähmungserscheinungen unterstützen kann. Über die heute teilweise sadistisch anmutenden Behandlungsmethoden kann man sich in der ausgezeichneten Biographie des jungen Kaisers informieren, die folgende Zusammenstellung basiert auf Kapitel 2 (S. 37 ff) des Buches von JOHN C. G. RÖHL: Wilhelm II. Die Jugend des Kaisers 1859–1888. C. H. Beck, München 1993. (Zitate mit freundlicher Genehmigung des Autors).

- „Thierbäder": Der Arm wurde in einen frisch geschlachteten Hasen gesteckt „zur Erwärmung des inaktiven Körpergliedes".
- „Elektrisieren" zur Stimulation. Diese Therapie wird – in abgewandelter Form – noch heute verwendet.
- Festbinden des gesunden Arms, um die Benutzung des (teil-)gelähmten linken Arms zu erzwingen. Der linke Arm wird deshalb nicht häufiger benutzt, aber das Gehenlernen noch mehr erschwert „Er wird verdrießlich und ärgerlich" dabei, berichtet seine Mutter in einem Brief.
- Geradehalter für den Kopf (vgl. auch Abb. 2.3); leider auch heute noch in einigen Kliniken gebräuchlich.
- Kalte Duschen: in der Hoch-Zeit der Bäder war das – gerade in der Erziehung – ein Mittel für und gegen alles.
- Gymnastische Bewegungen: auch dies noch heute gebräuchliche Methoden.

Interessant ist, daß über Wilhelm berichtet wird, daß er verspätet zu sprechen angefangen habe, ein Detail, dem wir bei unseren KISS-Kindern immer wieder begegnen. Erst im vierten Lebensjahr wird dann der Schiefhals diagnostiziert. Aufgrund unserer Erfahrung kann man sicher davon ausgehen, daß dies schon viel früher aufgefallen wäre, hätte man gezielt nach Frühzeichen gefahndet.

Nun wird der Junge in eine Maschine gesteckt, die ihn zwingt, den Kopf aufrecht zu halten. Mit sechs wird Wilhelm dann noch zweimal am Hals operiert, um die verkürzten Muskeln durchzuschneiden. Eine Gesichtsasymmetrie bleibt.

Später kommt der Arm in eine „Armstreckmaschine".

RÖHL faßt die Behandlung schließlich so zusammen:

„Über die gefährlichen psychischen Folgen einer solchen Behandlung, zumal bei einem Kind, das möglicherweise durch einen leichten Hirnschaden für eine Neurotisierung besonders anfällig war, soll an dieser Stelle noch nichts gesagt werden. Hier möchten wir nur darauf hinweisen, daß die meisten der zweifellos gutgemeinten Versuche der Ärzte, Wilhelms Geburtsverletzungen wieder in Ordnung zu bringen, objektiv gesehen einer massiven Mißhandlung des zarten kleinen Jungen gleichkamen. So muß gefragt werden, inwieweit diese jahrelangen Behandlungen Wilhelms ursächlich für eine schwere Persönlichkeitsstörung mit herangezogen werden können."

Abb. 1.5 a, b Das Geburtstrauma Wilhelms II.

a zeigt eine Skizze der Geradehalter, die Wilhelm umgeschnallt wurden.

b zeigt den Effekt der Operation auf die Kopfhaltung. Sie ist – wie die vorherige Zeichnung auch – einem Brief seiner Mutter an die englische Königin Victoria, Wilhelms Großmutter (Abbildungen mit freundlicher Genehmigung der Royal Archives, Windsor).

Nun hat dieses Modell einen kleinen Schönheitsfehler: Orthopäden und Chirurgen wissen, daß ein verletzter Muskel eine gewisse Zeit lang „Ärger machen kann", daß dies aber fast immer auf wenige Wochen begrenzt ist. Findet sich dann immer noch eine Verspannung, muß man nach einer tieferliegenden Ursache suchen. Das kann ein geschädigtes Gelenk sein, das die zugehörigen Muskeln zu Verkürzung zwingt; ein Beispiel hierfür ist der Hüftgelenkverschleiß, die Coxarthrose. Durch die dauernde Anspannung der hüftnahen Muskeln kommt es zu einer Vorbeuge des Körpers und zu einem Zusammenpressen der Beine. Beides verstärkt die Arthrose. Andere Ursachen chronischer Muskelverkürzungen sind lokale Entzündungen, Fehlbelastung etc. Ganz selten ist der Muskel selbst die eigentliche Ursache. Man ist manchmal gezwungen, am Muskel mit der Behandlung zu beginnen. Eine längerfristige Verbesserung der Muskelfunktion erreicht man aber erst, wenn die dahinterliegenden Probleme beseitigt sind. Dann ist es oft verblüffend, wie schnell die Muskulatur nachgibt. Ist der faule Zahn gezogen, wird eine steife Schulter plötzlich wieder frei; ist die arthrotische Hüfte durch ein künstliches Gelenk ersetzt, kann man die ganze Haltung des Patienten aufrichten.

So ist es auch beim muskulären Schiefhals: Ist die Ursache beseitigt, geht die Verspannung des Muskels (fast) von selber weg. In Dutzenden von Fällen konnte eine Kombination von sparsam eingesetzter Manualtherapie und Krankengymnastik Muskelverkürzungen lösen, die man vorher für operationspflichtig hielt. Auch viele Verkürzungen von Achillessehnen, meist bei CP-Kindern[4], konnten durch Manualtherapie immerhin so gebessert werden, daß keine zwingende Operationsnotwendigkeit mehr bestand.

Deshalb können wir heute mit Sicherheit sagen, daß die Diagnose *muskulärer Schiefhals* ganz wenigen Ausnahmen vorbehalten bleiben sollte. Das sind fast immer die Kinder, bei denen die Asymmetrie erst viel zu spät erkannt wurde, und die dann, drei- oder vierjährig, mit funktioneller Behandlung nicht mehr grundlegend zu bessern sind.

Denn ein Muskel, der zu lange verspannt war, baut sich um. Mehr und mehr werden die Muskelzellen durch Bindegewebe ersetzt, und schließlich ist der ganze Muskel in einen bindegewebigen Strang verwandelt. Eine „innere Narbe" ist entstanden. Solch eine Bindegewebsnarbe kann man kaum noch beeinflussen, und in diesen Fällen ist eine Operation auch sinnvoll. Hat man rechtzeitig eine Chance, die Kinder zu therapieren, kommt es aber fast nie zu solch einen Endstadium.

Wenn man sich die schnelle Besserung einer solchen Muskelverspannung vor Augen hält, kommt man zu einem neuen Modell über die Ursache der Schiefhaltung: Der Muskel ist dann nicht der eigentliche Bösewicht, sondern ein eher zufällig Mitgeschädigter. Nicht selten haben wir bei der Auswertung der Röntgenbilder unserer kleinen Patienten verheilte Schlüsselbeinfrakturen gesehen. Sie sind ein sicheres Zeichen für die Kraft, die bei der Entbindung auf das Kind eingewirkt hatte. Beileibe nicht immer berichten die Mütter in diesen Fällen von einer schweren Geburt. Sie

---

[4] Cerebralparese, auch zentrale Koordinationsstörung: Störung von Wahrnehmung und Motorik (vgl. Kap. 3.4).

waren dann entsprechend verblüfft, wenn wir ihnen auf dem Röntgenbild einen verheilenden Schlüsselbeinbruch zeigten.

Die Schlüsselbeinfraktur ist, wie der verletzte Muskel, Zeichen der Gewalt, die auf den kindlichen Körper bei der Geburt einwirkt. Wir wissen aus Reihenuntersuchungen von Neugeborenen, wie viele von ihnen Zeichen einer Hirnblutung haben – Gott sei Dank ohne faßbare Störungen. Die Entbindung ist also vom Standpunkt des Neugeborenen eine im wahrsten Sinne des Wortes gewaltige Angelegenheit. Der Kopf wird zerknautscht, die Halsmuskeln massiv gedehnt und der Schultergürtel gezerrt. Noch viel mehr geraten die kleinen Halswirbel unter Zug und Druck. Hier kommt es dann zu den Reizungen, die das Kleinkind anschließend dazu veranlassen, den Kopf zur Schmerzvermeidung schief hinzulegen.

Eine „neue" Theorie – so schwer zu beweisen.

Wieso läßt man's nicht bei den gut eingebürgerten Vorstellungen, wie sie schon seit Generationen gepflegt werden?

„Wenn so viele so lange den Muskel als Hauptursache für den Schiefhals ansehen, woher nehmt ihr die Courage, das auf den Kopf zu stellen, und aus dem Täter ein Opfer zu machen?"…

„Aus dem Erfolg der Behandlung, die wir, gestützt auf unsere Vorstellungen durchführen" – müßte man dem so Argumentierenden antworten. Das und nur das ist letztendlich die Lebensberechtigung jeder Theorie. Diese mag noch so schön klingen, sie muß den harten Fakten der praktischen Beobachtung standhalten können. *„Ein Grundsatz, der mit der Sinnwahrnehmung eines Experimentes nicht übereinstimmt, ist kein Grundsatz. Die Erfahrung muß ihn beweisen."* (ALBERTUS MAGNUS).

Methoden wie die Manualtherapie passen nicht in das Schema einer Doppel-Blind-Untersuchung , mit der man sehr schön die Effekte von Medikamenten absichern kann. Man gibt dabei – ohne daß Arzt und Patient wissen, zu welcher Gruppe ein Patient gehört – der einen Hälfte das wirksame Medikament, und der anderen eine gleich aussehende Pille ohne Wirkstoff; die „leere" Pille ist dann das berühmte Placebo. Aus den Protokollen, die durch ihre Codenummern zugeordnet werden können, erhält man Aussagen über die (eventuell) unterschiedlichen Effekte.

Bei der Manualtherapie geht das nicht. Ich kann nicht eine „unwirksame" Behandlung machen, keine Placebobehandlung durchführen. Die einzige Möglichkeit, einen Effekt solcher Behandlung zu überprüfen, ist der Vergleich vorher – nachher.

Weitere Komplikationsmomente kommen hinzu:

- Der Erfolg kommt nicht gleich nach der Behandlung. Gerade bei Kleinkindern kann es mehrere Wochen dauern.

- Manchmal folgt der Behandlung erst eine Phase der Unruhe, ja Verschlechterung.

- Andere Therapien laufen weiter, beeinflussen ebenfalls die Situation.

- In bestimmten Entwicklungsphasen tut sich auch ohne jede Behandlung mehr als in anderen.

- Die Behandlung ist im wahrsten Sinne des Wortes Handwerk, und damit nur schwer standardisierbar. Es kommt also entscheidend darauf an, *wer* eine bestimmte Therapie durchführt.

Es ist also nicht verwunderlich, wenn manch einer nicht leicht von dem Effekt manueller Therapie bei KISS-Babies oder bei Kindern mit zentraler Koordinationsstörung zu überzeugen ist. Ein einzelner Fall kann nie als Maßstab dienen, erst größere Gruppen erlauben es, den Effekt solch einer regulativen Therapie einzuschätzen. Nicht zuletzt deshalb haben wir jahrelang gewartet, bevor mit den ersten Publikationen begonnen wurde. Es ist immer wieder fast peinlich, wenn man Artikel in der Fachpresse liest, in denen große Verallgemeinerungen gewagt werden. Wenn man dann im Kleingedruckten nachschaut waren es 10 oder 20 Patienten... Selbst wenn die so gezogenen Schlußfolgerungen richtig sind, ist damit nichts erreicht, da eine methodisch ungenügende Publikation nie einen kritischen Leser wird überzeugen können.

Auf einige Aspekte „statistischer Beweise" wird weiter unten (vgl. Kap. 3.8) eingegangen werden.

1.3 Was den Eltern auffiel

Ganz grob gesagt kann man unsere kleinen Patienten in zwei Gruppen unterteilen:

- Bei der ersten Gruppe ist den Eltern selbst eine Schiefhaltung aufgefallen. „Schon gleich nach der Geburt hab ich den schiefen Kopf bemerkt" – „Beim Wickeln drehte er sich immer nach einer Seite weg" – „Wenn ich sie stillen wollte, ging das links gar nicht". Das sind typische Bemerkungen der Eltern, wenn man sie fragt, wie denn das Ganze aufgefallen sei. Gerade bei Babies, die unmittelbar nach der Geburt eine deutliche Asymmetrie zeigen, bemerken die Eltern das häufig selber.

- Schwieriger ist das bei Kleinkindern, bei denen sich die Asymmetrie erst im Laufe der ersten Lebenswochen entwickelt. Die Langsamkeit der Veränderungen verhindert nicht selten, daß die unmittelbar Beteiligten das gar nicht wahrnehmen. Erst die zufällig zu Besuch kommende Verwandschaft weist dann auf die Veränderung hin. Meist ist es aber der Kinderarzt, dem dann – in der Regel ist es bei der U3 oder U4 – die Asymmetrie auffällt.

Gerade ganz am Anfang sollte man sich ein bißchen Zeit lassen, wenn eine Asymmetrie bemerkt wird. In den ersten Lebenswochen geht manches spontan vorbei und bedarf keiner gezielten Therapie. In den ersten Tagen und Wochen ist das Neugeborene so mit dem „Auf-die-Welt-kommen" beschäftigt, daß es außer der Nähe und Wärme des Körperkontaktes mit den Eltern meist keine Therapie braucht und verträgt.

Nur wenn andere Schwierigkeiten hinzukommen, weist die Schiefheit des Kindes auf einen Lösungsansatz. Dies gilt besonders für die „Schreikinder" oder Babies, die ganz schlecht schlafen. Wenn hier eine Schiefheit auffällt, kann man fast immer ganz schnell für Ruhe sorgen – und so einen Seufzer der Erleichterung bei den Eltern ernten. Diesem wichtigen Problem ist ein ganzer Abschnitt gewidmet (vgl. Kap. 2.8).

Gerade diejenigen, die um die Entbindung herum mit Mutter und Kind Kontakt haben, können durch ihr geschultes Auge manche Zeitverzögerung vermeiden: Eine Hebamme, ein entbindender Gynäkologe oder Hausarzt sehen sich das Neugeborene meist neutraler an als die glücklichen Eltern. Gerade bei der ersten Gruppe der KISS-Kinder, bei denen eine intrauterine Schieflage die Hauptursache der Asymmetrie ist, fällt das schon unmittelbar nach der Geburt auf. Wenn neben der Schiefhaltung noch eine ausgeprägte Schädelasymmetrie hinzukommt, ist die Diagnose relativ einfach. Auch hier würde ich aber dazu raten, in den ersten Lebenswochen zurückhaltend mit der Therapie zu sein. Man kann aber die Eltern darauf aufmerksam machen und gegebenenfalls eine Eintragung im Vorsorgeheft veranlassen. Dann wird bei späteren Untersuchungen schneller daran gedacht, diese Dinge mit zu erfassen.

Hier nun eine kleine Zusammenstellung von Zitaten aus den Berichten der Eltern darüber, was ihnen zu Anfang auffiel:

- „Er hatte eine extreme Kopfhaltung und war phasenweise sehr unzufrieden"
- „Verkrampfte einseitige Haltung"
- „Schiefhals"
- „Das Gesicht war schief, und sie haute sich den Kopf überall an"
- „Eingeschränkte Bewegung des Kopfes, Schlafstörungen, Trink- und Eßstörungen"
- „Komische Stellung der Beine, schlechte Körperhaltung"
- „Unsicherer Halt"
- „Passives Kind, weinte viel"
- „Bewegte sich überhaupt nicht"
- „Schlapp und uninteressiert, wir dachten schon an eine Behinderung"
- „Unser Kind hat immer wie ein ‚C' gelegen".

Dies ist nur eine Stichprobe der Bemerkungen der Eltern aus den Fragebögen. Sie ist bewußt nicht kommentiert; so findet man sich vielleicht selbst wieder in den spontanen Beobachtungen, die es einfach so beschrieben haben, wie es empfunden wurde.

Erfreulicherweise spricht es sich langsam herum, was man durch Behandlung der Wirbelsäule erreichen kann bei den Kindern. Sicher werden wir in den folgenden Jahren eine überschießende Entwicklung sehen, bei der dann alles und jedes vom Hals her gebessert werden soll. Das ist wohl nur schwer zu vermeiden.

Als auffälligstes Zeichen für die Eltern hat immer noch die Schiefheit und die fixierte Haltung zu gelten. Mehr und mehr kommen aber auch Eltern, denen erst die indirekten Zeichen auffielen (Schreien, Eßstörungen, Unruhe), und die damit zu ihrem Arzt gingen.

Wenn man, ohne ein Kind direkt untersuchen zu können, seine Meinung geben soll, würde ich immer vorschlagen, die Kopfbeweglichkeit vorsichtig zu untersuchen. Das kann man als Vater oder Mutter meist ebenso gut wie ein Profi. Damit ist man dann schon ein gut Stück weiter. Wenn hier eine Einseitigkeit auffällt, sollte man das vertiefen, sei es mit der Kinderärztin, dem Physiotherapeuten oder dem manualmedizinisch Versierten.

1.4 Was wird untersucht?

Es war schon die Rede davon, daß oft erst die geschulten Augen der Hebammen, KrankengymnastInnen und Kinderärzte in der Lage waren, die Babies herauszufischen, bei denen eine manualtherapeutische Behandlung wichtig war. Wieviele Kleinkinder kommen gar nicht zu entsprechender Untersuchung, weil eben keiner daran denkt, daß eine Entwicklungverzögerung, die „Dreimonatskoliken" oder unruhiges Schlafen und dauerndes Weinen eben von Wirbelsäulenproblemen verursacht sein könnten.

Die Vorarbeit der trainierten Untersucher bringt die Kinder bis zum manualmedizinisch Spezialisierten. Dann kann dieser die Verdachtsdiagnose überprüfen, seinen Befund erheben und dokumentieren und gegebenenfalls behandeln. Je länger man mit einem Kinderarzt oder einer Krankengymnastin zusammenarbeitet, desto besser stimmen die Befunde überein und desto seltener bekommt man ein Baby, bei dem man nicht von der Notwendigkeit der Behandlung überzeugt ist. Das ist für mich mit ein Grund dafür, immer brav die Berichte an Eltern und Zuweisende zu schicken. So kommt der Feedback zustande, der die Kooperation immer enger werden läßt (wenn beide Beteiligten das wollen).

Gerade in diesen Fällen ist es nicht immer nötig, selbst den Behandlungserfolg zu kontrollieren. Die Nachsorge wird dann meist – zumindest bei meinen kleinen Patienten, die oft von weither angereist kommen – auch wieder von den betreffenden KinderärztInnen und Physiotherapeuten übernommen und die Kinder nur beim Auffinden von Problemen wieder hergeschickt. So kann man bei 85 % der Babies mit einer Behandlung auskommen. Bei älteren Kindern oder zusätzlichen Problemen (z.B. begleitende Behandlung behinderter Kinder) sind die Behandlungen häufiger. Öfters als alle 2–3 Monate sehe ich aber fast kein Kind, die meisten nur zwei- bis dreimal im Jahr.

Was wie behandelt wird, hängt natürlich vom Untersuchungsbefund ab. Man kann aber als Daumenregel davon ausgehen, daß man vor dem Laufenlernen fast nur die obere Halswirbelsäule behandeln muß. Ab dem zweiten Lebensjahr kommt dann die Übergangsregion zwischen Lendenwirbelsäule und Becken dazu. Im Kindergarten- und Schulalter muß man oft die ganze Wirbelsäule durchuntersuchen und an etlichen

Etagen therapieren. Wenn man das einigermaßen sanft macht, ist das kein Problem, am empfindlichsten ist ohnehin die Halswirbelsäule. Hier sollte man sehr zurückhaltend sein; wir behandeln den Hals höchstens einmal pro Monat und nur in ganz extremen Ausnahmefällen häufiger.

In älteren Lehrbüchern findet man noch für die Wirbelsäule den Ausdruck „Achsenorgan", der – leider – heute fast völlig verlassen wurde. Zum einen hat diese Bezeichung gewiß etwas schweres, schwülstiges, zum anderen aber drückt sie sehr gut aus, daß die Wirbelsäule keine zusammenhanglose Ansammlung von Einzelteilen ist, die in der Untersuchung beliebig zerlegbar sind.

Man ist immer versucht, einen Kreuzschmerz eben von der Lendenwirbelsäule aus zu erklären und Nackenbeschwerden über die Halswirbelsäule verstehen zu wollen. Nun kann die Nackenmuskulatur oft auch durch ein schiefes Becken geärgert werden, und oft werden – gerade bei Jüngeren – Hexenschuß, „Bandscheibenbeschwerden" und „Ischias", ganz elegant durch eine einzige Behandlung an der Halswirbelsäule beseitigt.

Wer noch gemeiner sein will, erwähnt die Zähne und den Kauapparat, die eine ganz wichtige Rolle spielen, oder Ausstrahlungen aus dem Brustkorb oder Bauchraum, die ebenfalls Rückenschmerzen machen können. Will man dieser Vielzahl von Faktoren Herr werden, muß eine gewisse Bewertung ihrer Wichtigkeit erfolgen. Netterweise ist das gar nicht so schwierig. Wie beim Auto ein hakeliges Schloß am Handschuhfach weniger Kummer macht als ein Wackelkontakt am Zündverteiler, so sind auch an der Wirbelsäule – oder allgemeiner gesagt am Halteapparat – einige Regionen wichtiger als andere.

Tabelle 1.1 Frageliste bei (Klein-)Kindern. Diese Zusammenstellung soll Ihnen eine Idee vermitteln, was man als Arzt „im Hinterkopf hat", wenn man sich mit den Eltern über die Vorgeschichte unterhält.

- Sind Vorbefunde da? Von wem?
- Gibt es Hinweise auf Schäden am Zentralnervensystem?
- Was ist von der Schwangerschaft, von der Geburt bekannt?
- Ist es das erste Kind, sind bei Geschwistern/Mutter/Vater ähnliche Beschwerden bekannt geworden?
- Gibt es in der Familie Hinweise auf Wirbelsäulen-Erkrankungen?
- Wie schläft das Kind ein?
- Wie liegt es beim Schlafen? Dreht es sich viel, weint es zwischendurch?
- Gibt es Schwierigkeiten beim Füttern?
- Kann das Kind beim Stillen an beiden Seiten gleich gut angelegt werden?
- Was haben die Eltern, was die Kinderärztin beobachtet?
  - Haltung unmittelbar nach Geburt, später. Ggf. Fotos auswerten.
  - Hat die Mutter das Gefühl, daß ihr das Kind nachschaut, Kontakt aufnimmt?
  - Hat der Arzt Besonderheiten der Reflexentwicklung im U-Heft vermerkt? Gesäßfalten-Asymmetrie, Fußstellungsabweichungen, Unterschiede in der Motorik der Arme und Beine?
  - Wird über Gesichtsasymmetrie, Hinterkopfasymmetrie berichtet?
- Wie ist die Entwicklung in den letzten Wochen vor der Erstvorstellung bzw. seit Beginn anderweitiger Behandlung?
- Wird eine Seitabweichung, eine vermehrte Rückbeuge beobachtet?
- Ist das Kind (nur) asymmetrisch oder auch in seiner Gesamtentwicklung verlangsamt?
- Beharrt es in einem Entwicklungsstadium oder wird ein bestimmtes Stadium übersprungen?

Tabelle 1.2 Untersuchungsraster bei (Klein-)Kindern. Genau wie bei der vorhergehenden Tabelle sind auch hier einige Punkte unserer internen „Checkliste" aufgeführt.

- Wie hält sich das Kind, wenn es hereingetragen wird?
- Gibt es auf den mitgebrachten Fotos Hinweise auf eine einseitige Haltung?
- Ist der Kopf symmetrisch, sind die Arme und Beine seitengleich entwickelt?
- Bewegt das Kind Arme und Beine spontan gleich, kann es mit dem Blick auf beiden Seiten gleich gut folgen, den Kopf nach vorn und hinten wenden?
- Wie werden Hände und Füße mitbewegt? Sind die Hände offen oder gefaustet, sind dabei Unterschiede beider Seiten zu sehen?
- Ist es überempfindlich auf Berührung, überall oder nur an bestimmten Stellen?
- Ist es schreckhaft, reagiert es übermäßig auf plötzliche Geräusche?
- Ist die Muskulatur altersgerecht angespannt, d.h. nicht zu schlapp, aber auch nicht übermäßig fest? Sind einzelne Muskeln oder Muskelgruppen auffällig?
- Wie reagiert das Kind auf die Lagereflexe? Stimmt das mit dem Befund der Ärztin, des Physiotherapeuten überein?
- Gibt es beim etagenweisen Durchuntersuchen der Wirbelsäule Besonderheiten, etwa Bewegungsstörungen in der Lendenwirbelsäule oder der Brustwirbelsäule?
- Wie verhält sich die Halswirbelsäule bei der Untersuchung?
- Gibt es eine Tendenz zur Überstreckung des Halses nach hinten?
- Ist der Kopf hinten abgeplattet?
- Findet man Blockierungen und wenn ja wo?

Weitere Diagnostik

Das ist in aller Regel vor allem das Röntgenbild der Halswirbelsäule, in seltenen Fällen auch das anderer Wirbelsäulenabschnitte. Diese Bild wird sowohl auf Formabweichungen (Morphologie) als auch auf Stellungsvarianten und Symmetrie (Funktion) untersucht. Diese radiologische Analyse soll hier nicht vertieft werden, das ist Gegenstand einer Monographie zum selben Thema.

Nachuntersuchung bei uns/beim Kinderarzt/Physiotherapeuten

Im Grunde genommen ist die Nachuntersuchung mit dem Untersuchungsraster bei Erstuntersuchung vergleichbar, man achtet mehr auf die vorher pathologischen Zeichen und bezieht die Aussagen der Eltern mit ein.

Alle diese Punkte sind hier nur als schlaglichtartiger Überblick aufgeführt. Im Einzelfall führt eins zum anderen, d.h. ein neurologisch auffälliges Kind wird anders und mehr untersucht werden als ein „normales" KISS-Kind. Diese Liste soll auch nicht durch ihre Übergröße einschüchtern, sondern nur einen kleinen Eindruck davon geben, was man alles im Kopf hat, wenn man – vom Standpunkt der zuschauenden Eltern gesehen – „mal eben fünf Minuten mit dem Baby spielt", wie eine Mutter sagte.

Bei Kleinkindern und noch bis zum Ende des Wachstumsalters kann man sich auf die beiden *Wirbelsäulenpole* konzentrieren, das heißt auf den Übergang Schädel – Halswirbelsäule und den Übergang Becken – Lendenwirbelsäule. Hier spielt die Musik. Das kann man nach dem oben Gesagten jetzt so vereinfachen, je jünger, desto besser. Bei den ganz Kleinen bis zum Laufenlernen ist es sogar fast immer nur der obere Hals, wie es in dem Ausdruck KISS (Kopfgelenk usw.) ja auch betont wird.

Wenn eben eine Atemwegsinfektion überwunden wurde, wird man beim Untersuchen eines Kleinkindes auch Probleme an der Brustwirbelsäule finden und behandeln, genau wie man manchmal auch einzelne Bewegungsstörungen an der Lendenwirbelsäule findet. Wichtig vor allem in ihrer Fernwirkung über die unmittelbare Umgebung hinaus sind aber diese beiden „Ecken".

Hier fängt man also an mit der Untersuchung und Behandlung, und erst wenn das nicht ganz gereicht hat, geht man den selteneren Sachen nach. Daß Fehlbildungen an der Wirbelsäule das Bild verändern, versteht sich von selbst; genauso werden bestimmte Grunderkrankungen – erwähnt seien nur die Trisomie-Kinder als größte Gruppe – dieses Vorgehen modifizieren. Bei 90 % der kleinen Patienten wird unser einfaches Rezept: *erst Hals, dann Kreuz, dann der Rest* den besten Kompromiß darstellten.

1.5 Untersuchung und Behandlung konkret

Was und wie der Einzelne behandelt, ist durch kein Dogma festgelegt. In Deutschland sind wir als Ärzte in der Lage, die medizinischen und chiropraktischen Methoden miteinander zu vereinen. In den USA zum Beispiel sind diese beiden Gruppen getrennt, und es gibt noch die dritte Gruppe der Osteopathen, was ja schon vom Namen her auch an Knochen erinnert. Jeder wird sich anhand seiner Voraussetzungen an das Problem herantasten. Gerade osteopathische Techniken werden auch viel bei Kleinkindern benutzt. Sie führen oft auch zu guten Ergebnissen. Meines Erachtens sind sie zeitaufwendiger, ohne deshalb andere Vorteile zu haben, deshalb habe ich sie nie länger eingesetzt.

Bei uns (und bei den hier ausgebildeten Ärzten) wird eine Behandlungstechnik verwendet, die sich auf die Auswertung des Röntgenbildes, der Vorgeschichte und des Untersuchungsbefundes stützt. Im ersten Lebensjahr kommt man bei unkomplizierten Fällen, d.h. bei ca. 80 % der Kinder, mit einer Behandlung aus (Abb. 1.6).

Im Prinzip tastet man sich in mehreren Schritten an das Problem heran: Nachdem die Eltern mit dem Baby ins Zimmer gekommen sind, unterhält man sich erst einmal. Die Details der Vorgeschichte werden besprochen, oft haben die Eltern auch Fragen zur Behandlung selbst. Dabei kann man schon viel über das Kind lernen: wie verhält es sich auf dem Arm der Mutter, des Vaters, wohin schaut es, wie benutzt es seine Arme und Hände. Wenn man dann von verschiedenen Richtungen seine Aufmerksamkeit erregt, kann man den spontanen Bewegungsumfang gut sehen. Das ist der erste Schritt.

Dann kommt der kniffligste Moment: Das Kind vom Schoß des Eltern zu pflücken. Wenn man vorab schon einen gewissen Vertrauenskredit von den Eltern eingeräumt bekommen hat und das Baby spürt, daß die eigene Mannschaft der Sache positiv gegenübersteht, geht das meistens ganz gut. Schon deshalb muß der oben skizzierte erste Schritt des Kontaktes ernst genommen werden – und möglichst locker aussehen. Überhaupt ist es das größte Kompliment der Eltern, wenn die sagen: „Wir dachten, Sie haben nur gespielt mit unserem Kind". Dann hat man die Untersuchung (zweiter Schritt) und die Behandlung (dritte Etappe) so gut „verpackt", daß gar keine Nervosität aufkommen kann. Das ist eigentlich mein Ziel.

Die Untersuchung verläuft nicht nach einem starren Schema; sie hängt von x Faktoren ab. Je nach Wetter kann man die Kleinen mehr oder weniger ausziehen, ohne daß sie deshalb böse werden. Ich weiß, es verstößt gegen die reine Lehre, ein Baby nicht völlig ausgezogen zu untersuchen. Mir ist aber ein kooperatives, weil angezogenes Kind lieber als ein wütend schreiender Säugling, der sich über's Frieren auf-

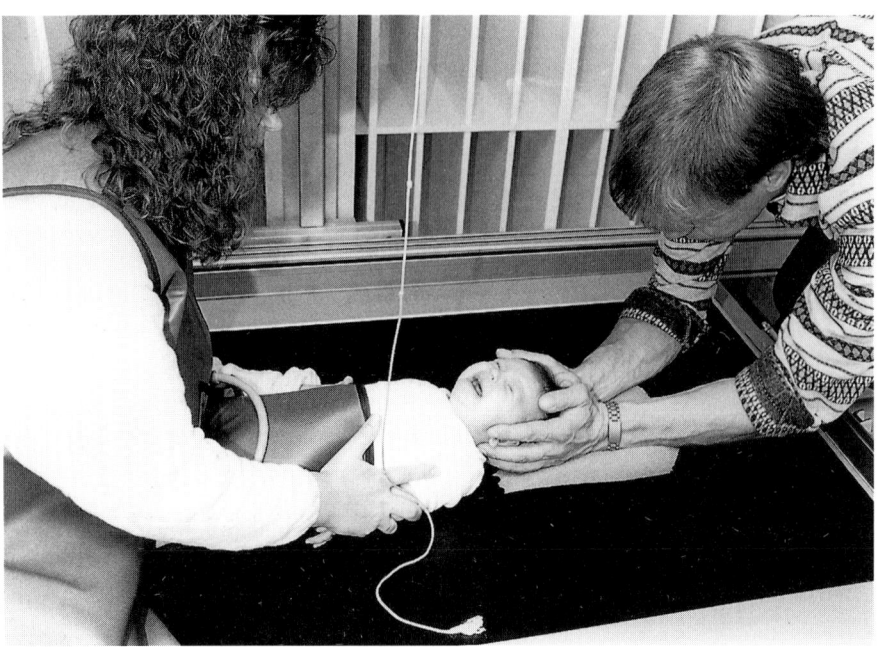

Abb. 1.6 Die Röntgenuntersuchung. Wir bitten immer darum, daß zwei Erwachsene dabei sind, wenn ein Baby untersucht wird. So können dann zwei bekannte Gesichter den kleinen Patienten festhalten und beruhigen, wenn er die ungewohnte Röntgenprozedur über sich ergehen lassen muß.

regt. Wenn man den Kindern ihre Windel und ihren Body läßt, sind sie ungleich friedlicher. Man kann dann immer noch mehr ausziehen, wenn einem etwas auffällt. Wissenschaftlicher ausgedrückt: durch das Belassen der Kleidung reduzieren wir die Oberflächensensibilität und betonen die Tiefensensibilität. Das ist besonders bei neurologisch auffälligen Kindern (Ataxie, Athetose) von nicht zu unterschätzender Bedeutung.

Genauso ist es mit den einzelnen Untersuchungsschritten: Um halb zehn morgens kann man einem Säugling mehr zumuten als in der Mittagszeit. Kommt das Kind aus der Gegend, ist es weniger angestrengt durch die Anreise als wenn es schon drei- oder vierhundert Kilometer Anfahrt im Zug oder Auto mitgemacht hat. Entsprechend muß man die Befunde interpretieren und sich mit dem, was man dem Kind an Tests zumutet, danach richten.

Es gibt eine Reihe relativ standardisierter Tests und Lagereaktionen, die in der Fachliteratur nachgelesen werden können. Meist sucht man sich zur Untersuchung diejenigen Tests heraus, die einem am besten liegen. Ich richte mich danach, die Kinder beim Untersuchen möglichst wenig zu ärgern und dabei möglichst viel zu lernen. Zwischen diesen beiden Polen muß man sich um einen Kompromiß bemühen. Der fällt – je nach Tageszeit, Kind und Wetterlage – unterschiedlich aus. Das ist durchaus nicht ironisch gemeint: wenn eine Gewitterzone durchzieht, ein Temperatursturz stattgefunden hat oder einfach nur ein drückender Sommertag ist, sollte man das berücksichtigen.

Wir haben also das Kleinkind erfolgreich bei der Mutter abgeholt und es – so gut es geht – an uns gewöhnt. Erst nachdem ich das Baby einige Zeit auf dem Arm gehalten habe, beginne ich damit, es – nur soweit nötig – auszuziehen. Dabei läßt man sich Zeit; so kommt der erste Kontakt nicht gleich als Untersuchung oder Lagetest, sondern als eine dem Baby vertraute Sache.

Schon beim Ausziehen beobachtet man natürlich, ob es dabei Auffälligkeiten gibt, ob Seitenunterschiede da sind. So geht das ohne scharfe Trennung in die Prüfung der Lagereaktionen, der Gelenkbeweglichkeit und der Kopfkontrolle über.

Die Untersuchung hat der kleine Mensch einigermaßen mit Fassung über sich ergehen lassen und dabei nicht allzusehr protestiert. Schon bevor er ins Zimmer kam, hatten wir das Röntgenbild ausgewertet und dessen Befund notiert. Diese Ergebnisse werden dann mit dem verglichen, was die Beobachtung des Kindes auf dem Arm der Eltern ergab, und dem, was die Lagereaktionen und andere Tests aussagen.

Zum Schluß kommt die *segmentale Untersuchung der Wirbelsäule*. So nennt man das etagenweise Abprüfen von Bewegungsstörungen an den einzelnen Wirbeln. Ich beginne immer am Beckenring, da erfahrungsgemäß hier weniger empfindliche Zonen liegen als oben am Hals. Von unten arbeitet man sich dann in Richtung Hinterkopf hoch. Dabei kann man am sitzenden oder liegenden Kind untersuchen. Für mich ist es am einfachsten, das Kleine auf meinem Bein in Bauchlage zu halten, aber es gibt etliche Methoden. Schließlich ist man oben am Hals angekommen. Dann lege ich mir das Kind auf den Rücken vor mich auf die Untersuchungsliege. So kann man Beweglichkeit und Schmerzreaktion am besten testen.

Während dieser Untersuchung vergleicht man die Befunde mit dem schon Gespeicherten, und kommt so zu der für das betreffende Kind optimalen Behandlungstechnik. Es gibt grob geschätzt knapp zwanzig verschiedene Techniken für die obere Halswirbelsäule bei Kleinkindern; vom Standpunkt der zuschauenden Eltern aus gesehen, sieht alles relativ ähnlich aus.

Dabei wird das Kind vor den Arzt auf dem Rücken liegend behandelt, indem man „etwas am Hals drückt", wie ein Vater anmerkte (Abb. 1.7). So ist das auch: meist merken die zuschauenden Eltern gar nicht, daß schon behandelt wurde, da der Übergang zwischen Untersuchung und Behandlung so fließend ist. Die Babies schimpfen meist schon beim vorsichtigen Betasten des Halses, so daß der Behandlungsimpuls selbst nicht zu zusätzlicher Geräuschentwicklung führt.

Reaktionen und Nebenwirkungen

Gleich vorab: In all den Jahren habe ich keine schwerwiegenden Reaktionen oder Probleme nach Behandlung gesehen; dies bestätigen auch Kollegen, die mit vergleichbaren Techniken (und ähnlich sparsam) behandeln.

Dr. KOCH in Eckernförde hatte die Gelegenheit, Kraftmessungen durchzuführen. Dabei maß er die Kraft, die bei der Behandlung von Erwachsenen und Babies auf-

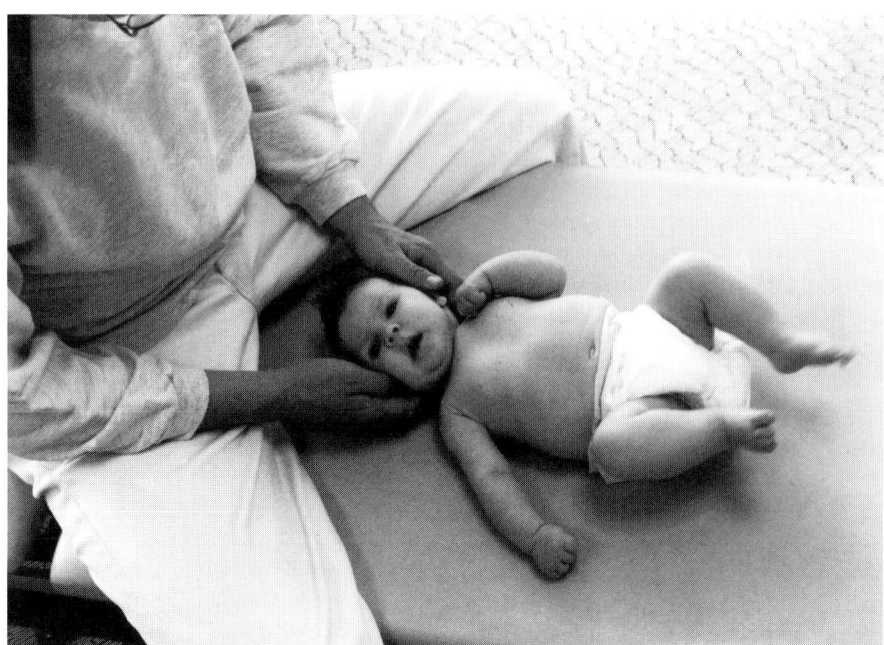

Abb. 1.7   Wie die Behandlung aussieht: Der kleine Patient liegt vor dem Arzt auf der Liege. Die Untersuchung ist abgeschlossen, das Röntgenbild ausgewertet. Wenn man zum Schluß gekommen ist, daß die obere Halswirbelsäule behandelt werden muß, wird der Kopf mit der einen Hand festgehalten, und mit dem Zeigefinger der anderen Hand ein Impuls gegeben, der je nach Höhe, Richtung und Stärke unterschiedlich ausfällt.

trat. Er kam zu dem Ergebnis, daß wir bei Kleinkindern mit einem Fünftel der Kraft arbeiten, die bei Erwachsenen eingesetzt wird[5].

Trotzdem gibt es einige Behandlungeffekte, die hier zusammengefaßt sind. Nicht selten kommt es nach dem Impuls zu einer vegetativen Reaktion, die mehrere Formen annehmen kann:

- Am häufigsten ist der sogenannte *Rush*. Sofort nach dem Behandlungsimpuls tritt eine schlagartige Rötung der Haut ein, die sich meist vom Kopf aus in den Rumpf und die Arme und Beine ausbreitet.

- Oft ist das mit einem kurzen Atemstillstand verbunden. Das klingt nun dramatischer als es ist; die Babies reißen den Mund auf, nix passiert, und nach fünf bis zehn Sekunden geht's weiter. Vielleicht kann man das am besten mit der Reaktion vergleichen, die man hat, wenn einem durch einen Knuff auf den Bauch „die Luft wegbleibt".

---

[5]   50 Nm im Vergleich zu 350 Nm bei Erwachsenen. Dies sind gemittelte Durchschnittswerte. Eine Veröffentlichung ist in Vorbereitung.

- Manche Kinder haben in den Sekunden nach der Behandlung einen kleinen Schweißausbruch, vor allem auf der Stirn und der Oberlippe, manchmal auch am ganzen Rumpf. Das ist insgesamt seltener als die beiden obigen Reaktionen.

- Zu guter Letzt sei noch die Streckreaktion erwähnt, die aber nicht so oft zu sehen ist wie die obigen Phänomene. Dabei kommt es nach der Manipulation zu einem Durchstrecken des Rumpfes und einer Überstreckung des Halses nach hinten. Man spürt das mehr als es zu sehen ist, da das Kind auf dem Rücken liegt und sich sonst von der Unterlage hochstemmen müßte. Die Hände, die unter dem Hinterkopf liegen, registrieren diese vorübergehende Druckerhöhung aber gut.

Das ist es dann auch schon. Viele Eltern fragen uns nach den Nebenwirkungen. Man kann da nur anführen, daß vielleicht jedes zweihundertste Kind nach der Behandlung erbricht (mindestens ebenso viele spucken schon beim Untersuchen, um so mehr natürlich, wenn sie gerade vorher gestillt oder gefüttert wurden).

In den Tagen danach kann es zu einer Fülle von Reaktionen kommen. Man kann diese ganz allgemein unter dem Begriff „durcheinander" zusammenfassen. Gut ein Drittel der Kinder zeigt noch am selben Tag eine Besserung, sei es bei der Schlafhaltung, der Kopfbeweglichkeit oder dem Trinkverhalten. Bei einem weiteren Drittel kommt es zu einer Phase mit Turbulenzen, die Kinder sind unruhig, manchmal auch noch schiefer als vorher, quengelig, „schwierig". Das kann bis zu einer Woche anhalten.

Unsere Erfahrung spricht ganz stark dafür, diese Kinder in Ruhe zu lassen (vgl. Kap. 1.8). Man kann den Prozeß des sich neu Zurechtfindens am besten dadurch unterstützen, daß man die Babies nicht durch Reizüberflutung überfordert. Sie brauchen Ruhe, dann werden sie fast immer von selber damit fertig.

1.6 Was passiert da eigentlich?

Das wird man immer wieder gefragt. Wie schon im Vorwort angedeutet, sollte man sehr zurückhaltend sein mit großen Erklärungen. Je mehr Kinder man in der Hand gehabt hat, desto skeptischer wird man, ob man wirklich vollkommen die Art und Weise durchschaut, wie diese Behandlung wirkt. Man kann aber einiges mit ziemlicher Sicherheit sagen:

- Die Beweglichkeit der einzelnen Segmente der (Hals-)Wirbelsäule wird verbessert. Wo vorher keine oder keine ausreichende Bewegung möglich war, sollte nach solch einer Manualtherapie der volle und symmetrische Umfang der Bewegung wieder gegeben sein.

- Die Symmetrie der Bewegung wird wiederhergestellt, d.h. Arme und Beine werden seitengleich eingesetzt oder zumindest mehr benutzt als vor der Behandlung.

- Die Bewegung ist nach der Behandlung schmerzfrei möglich und funktioniert deshalb ohne Ausweichen und schneller, flüssiger.

- Durch diese wiedergewonnene Harmonie der Bewegung wird die Haltung entspannter und weicher. Es ist weniger Anspannung nötig.

• Dieses Heruntersetzen des Muskeltonus verbessert die Durchblutung, die Reaktionsfähigkeit, und beruhigt die vorher oft irritierten vegetativen Zentren; der „Nachbar Stammhirn" wird weniger geärgert.

• Durch weniger Muskelanspannung können die regionalen und weiter entfernt liegenden Muskelgruppen besser feinabgestimmt werden. Das wirkt sich aus auf das Schlucken, auf die Lautierung bzw. das Sprechen, auf die Augenmotorik etc. Die „Programmierung" klappt besser.

Die Auswirkungen sind ebenso vielfältig wie die Symptome, die durch diese Behandlung beeinflußt werden können. Unsere heutigen Modelle sind im Zuge der Zeit sehr von der Informatik beeinflußt. Schon deshalb stehen Begriffe wie „Input" oder „Meßfühler" ganz zentral bei unseren Erklärungen.

Es ist für die meisten Eltern zuerst eine Erleichterung, wenn man ihnen das Kind wiedergibt mit der Bemerkung „Alles fertig" und sie gar nichts gemerkt haben. Im zweiten Moment – und das kann man fast immer an einem fast enttäuschten Gesichtsausdruck ablesen – denkt der Vater/die Mutter „Wegen dem bißchen Knuddeln bin ich so weit gefahren?!".

Je länger man „im Geschäft ist", desto weniger massiv geht man auf die kranken Wirbelsäulen los. Je mehr Könnern man über die Schulter geschaut hat, desto klarer ist einem, daß es so viele Methoden wie Behandler gibt. Das ist auch immer wieder der Schwachpunkt bei der Ausbildung des Nachwuchses: man kann gewisse Überlegungen vermitteln, manche Techniken vorstellen und die Krankheitsbilder beschreiben, die mit manueller Therapie behandelbar sind. Was der Einzelne daraus macht, hängt in gleichem Maß von seinen Vorlieben und von seinem Können ab wie von dem, was ihm vermittelt wurde.

Eine zarte und zurückhaltende Frau mit fünfzig Kilo Lebendgewicht wird ihre Patienten anders behandeln als ein fast zwei Meter großer, wenig zurückhaltender und etwas schwerer Mann (noch dazu Schwabe, um konkret bei mir als Beispiel zu bleiben). Das soll natürlich nicht heißen, daß ich grob mit den Patienten, schon gar nicht mit Kindern umgehe; aber man hat eben Kraftreserven.

Bei Kleinkindern braucht man die nicht. Hier sind eher dicke Nerven von Nutzen, um das Geschrei auszuhalten, und ein kindliches Gemüt, um mit den „Zwergen" zurechtzukommen. Es gibt kaum etwas Schöneres als die Behandlung von Kindern (vielleicht abgesehen von der Geburtshilfe). Nicht zuletzt das Wissen um all die Probleme, die man den kleinen Patienten erspart, macht diese Therapie so befriedigend.

Die Kehrseite der Medaille liegt in der Erkenntnis, daß bei vielen Kindern, denen eine einfache Behandlung der Wirbelsäulenfunktion grundlegend helfen könnte, einfach nicht an diese Therapiemöglichkeit gedacht wird. Beim Kopfschmerz sollte es sich bei den Kinderärzten herumgesprochen haben, daß man durch manuelle Therapie der Wirbelsäule meist helfen kann, auch und vor allem bei Kindern. Bei vielen Koordinationsstörungen, Konzentrationsproblemen oder Verhaltensabweichungen denkt heute noch kaum einer daran.

Von den „einfachen Künsten".

Als der chinesische Kaiser zum berühmtesten Maler seines Reiches sagte, er bestelle das Bild eines Schwans bei ihm, bekam er vom Künstler zur Antwort: „Ihr müßt mir ein Jahr Zeit lassen."
Das Jahr ging ins Land, und der Kaiser wollte sein Bild haben. „Ich brauche noch ein Jahr" – sagte der Maler.
Das wiederholte sich nach diesem Jahr wieder, und nach dem dritten Jahr war der Kaiser ungeduldig:
„Ich will nicht länger warten, wann bekomme ich mein Bild?" –
„Morgen könnt ihr es holen."Mit großem Gefolge kam der Kaiser und wurde ins Haus des Malers gebeten. Im Empfangsraum stand eine Staffelei mit einem leeren Blatt. Kurz nachdem der Kaiser sich niedergelassen hatte, kam der Künstler herein.
„Willst Du mich verspotten, werde ich Dich bestrafen!" fuhr ihn der Kaiser an.
„Mitnichten, mein Kaiser", sagte der Maler, „hier ist Euer Bild!" – und mit schnellem Pinsel entwarf er einen Schwan auf dem Blatt.
„Du Wurm" – schrie der Kaiser voll Wut – „dafür mußte ich drei Jahre warten!"
„Nicht dafür", antwortete ihm der Künstler, „aber dafür" – und er zeigte ihm den dahinterliegenden Raum, der mit unzähligen Skizzen und Entwürfen von Schwänen übervoll war.
(So ähnlich irgendwo gehört oder gelesen und hier nacherzählt.)

Nun ist die manuelle Therapie beileibe nicht der einzig mögliche Zugang zu derartigen Problemen; nicht selten stecken auch ganz andere Faktoren dahinter. Diese im Auge zu behalten ist Aufgabe des untersuchenden Arztes. Wenn man sie aber ausgeschlossen hat und nach der manuellen Behandlung einen Erfolg sieht, hat man nicht selten mit wenig Aufwand jahrelange Schwierigkeiten beseitigen können.

Je mehr Erfahrung man hat, desto weniger Aufwand muß man bei der Behandlung – und schon bei der Untersuchung – treiben. Gerade bei Kleinkindern muß man so schnell wie möglich arbeiten. Wenn man zu lange mit der Untersuchung rumtrödelt, werden die Babies so wütend, daß man nur noch schwer behandeln kann. Dazu kommt, daß man zwangsläufig an einem Bereich ansetzen muß, der ohnehin schmerzhaft ist. Je schneller man hier von der Untersuchung zur Behandlung kommt, desto einfacher ist diese.

Da muß man dann eben in Kauf nehmen, daß manche skeptische Mutter, manch kritischer Vater beim Hinausgehen eher verstimmt als optimistisch ist. Fast immer gibt einem ja der spätere Erfolg dann recht. Viele Eltern haben mir dies bei den Kontrolluntersuchungen bestätigt.

1.7 Fachübergreifende Zusammenarbeit

Es gibt kein Gebiet der Medizin, in dem ein heroisches Individuum einsam gegen Krankheit und Leiden seiner Patienten kämpft. ALBERT SCHWEITZER hatte Scharen von Schwestern, Pflegern und Kollegen an seiner Seite, und die Herz-Transplantationen eines Dr. BARNARD sind nur denkbar auf der Basis einer gut eingespielten Teamarbeit. Unsere Arbeit spielt sich Gott sei Dank auf einer viel weniger spektakulären Ebene ab, aber auch für unsere Behandlung der Kleinkinder – und noch mehr der behinderten Kinder, die viel zeitaufwendiger ist – gilt diese Maxime. Das, was wir machen, ist eingebettet in die Vor- und Nacharbeit anderer, und nur in diesem Zusammenhang wirksam und verständlich. Wenn ich hier mit meiner eigenen Arbeit anfange, dann deshalb, weil ich darüber noch am vernünftigsten Auskunft geben kann.

Es war schon mehrmals davon die Rede, daß man nur auf die Fragen eine Antwort bekommt, die man stellt. Es wundert deshalb wenig, daß ein internistisch ausgebildeter Arzt natürlich „internistisch" an einen Schiefhals herangeht und zum Beispiel nach Stoffen sucht, die den Muskel beeinflussen. Ein operierender Orthopäde wird sich fragen, welche Op-Methode am besten geeignet ist, Abhilfe zu bringen, und ein Neurologe schaut sich die Nerven an.

Wir kamen und kommen von der Wirbelsäule und hatten in diesem Fall Glück, so auf die einfachste und probateste Behandlung zu stoßen.

Wenn wir hier die Situation skizzieren, in der unsere Praxis arbeitet, muß man gleich hinzufügen, daß das wahrscheinlich nicht auf andere Länder übertragbar ist. In Belgien zum Beispiel gibt es kaum Ärzte mit Ausbildung in der Manualmedizin, dafür viele osteopathisch ausgebildete KrankengymnastInnen. In den Niederlanden stehen sich Kinderphysiotherapeuten, manualmedizinisch ausgebildete Krankengymnasten und (wenige) Ärzte mit entsprechender Ausbildung eher skeptisch gegenüber; in Frankreich ist die Situation wieder anders. Nach meinem Kenntnisstand trifft das hier Gesagte aber auch für Österreich und die Schweiz weitgehend zu.

In diesen Ländern gibt es eine flächendeckend gute Versorgung mit neurophysiologisch ausgebildeten KrankengymnastInnen. Welche Methode dabei von den Einzelnen bevorzugt wird, hat meiner Erfahrung nach wenig Einfluß auf den Behandlungserfolg. Der eine macht's nach BOBATH, der andere nach VOJTA, die nächste bevorzugt FELDENKRAIS oder arbeitet nach FLEHMIG etc. etc. Allen gemeinsam ist das Bemühen, in Kenntnis der normalen Entwicklung von Wahrnehmung und Bewegung dem Kind über Klippen hinwegzuhelfen. Oder, um eine Physiotherapeutin zu zitieren[6]: „Die Methoden, die heute angewendet werden, sind aus dem Wirken von Wissenschaftlern hervorgegangen. Wir sagen, wir arbeiten nach BOBATH, KABAT, nach VOJTA. Noch ist es eine Zukunftsvision, daß wir eines Tages sagen können: Wir arbeiten nach den Erkenntnissen der Neurologie und Neurophysiologie".

An gewissen Punkten werden nun auch manualtherapeutisch versierte PhysiotherapeutInnen einen Arzt meiner Spezialisierung zuziehen, sei es zur Kontrolle des Befundes, zur Abklärung weiterer Problemfelder oder eben zu gezielter Therapie auf der Basis der Röntgenanalyse. Hier ergibt sich dann auch eine Überschneidung der Arbeitsfelder. Sicher kann einiges von dem, was ein Krankengymnast mit den Kindern macht, auch von mir übernommen werden. Meist ist das aber nicht sinnvoll. Die Physiotherapeuten sehen die kleinen Patienten viel länger und häufiger als ich, und können so differenzierter auf die Entwicklung einwirken. Zudem hat sich im Lauf der Jahre klar gezeigt, daß die ärztliche Manualtherapie nur ganz sparsam eingesetzt werden sollte.

Wenn man sich so über die verschiedenen Arbeitsbereiche einigt, kommt man gut miteinander zurecht. Von dieser vertrauensvollen Kooperation profitieren die Patien-

---

[6] M. FELDKAMP, zitiert nach P. ZINKE-WOLTER.

Tabelle 1.3   KISS: Vergleich mit Geburtsstatistiken (Mehrfachnennungen möglich).

n = 100	KISS	Ba-Wü	Bayern
Mehrlingsschwangerschaften	6	1,3 %	1,2 %
Frühgeburten (≤37. Woche)	5	6,8 %	6,7 %
normale Geburten	38	40,0 %	38,2 %
verlängerte Geburtsdauer	35	12 %	11,8 %
Fehllagen (Steißlage etc.)	18	8,2 %	9,3 %
Kaiserschnitt	14	15,1 %	15,7 %
Vacuumextraktor	16	6,1 %	7,1 %
Zange	1	1,7 %	1,5 %

Bei den KISS-Kindern wurde eine Gruppe von hundert Fällen gewählt, so daß deren Zahl mit den Prozenten der beiden Statistiken vergleichbar ist. Auffällig sind die Unterschiede bei Mehrlingsschwangerschaften und bei Fehllagen sowie bei Zange und Vacuumextraktor (aus H. BIEDERMANN: Manuelle Therapie bei Kleinkindern. Orthop. Prax. 28 [1992] 380–385).

Tabelle 1.4   KISS: Ergebnisse nach Altersgruppen.

Alter	n = 100	Ergebnis (1–6)
1– 4 Mon.	24	– 1,2 –
5– 8 Mon.	34	– 1,4 –
9–12 Mon.	19	– 1,6 –
13–16 Mon.	10	– 2,5 –
17–20 Mon.	4	– 3,0 –
21–24 Mon.	9	– 2,8 –

Ergebnis der Fragebogen-Auswertung. „Welche Schulnote (von 1–6) würden Sie für das Ergebnis der Behandlung geben?" Abstand zur Behandlung 9,3 Wochen (6–11) (aus H. BIEDERMANN: Das KISS-Syndrom der Neugeborenen und Kleinkinder. Man. Medizin 31 [1993] 97–107).

ten am meisten. Nicht selten ist noch als weiterer Partner der Kinderarzt oder der Orthopäde dabei, der die Kleinen zuerst gesehen hat. Auch hier klappt die Zusammenarbeit eigentlich immer gut – aber mit denen, die nichts von dieser Behandlungsmethode halten, habe ich auch wenig zu tun. Das bekommt man immer nur „hintenherum" mit, wenn einem die Mütter sagen, daß sie ohne Wissen des voruntersuchenden Arztes gekommen sind.

Früher häufiger, aber bis heute sicher noch einmal pro Monat, erzählen uns schreckensstarre Mütter, ihr Orthopäde habe kategorisch vor meiner Behandlung gewarnt, *„da das doch manchmal zu Querschnittslähmungen führe!"*. Ich will nicht bestreiten, daß man Patienten mit Manualtherapie großen Schaden zufügen kann, wenn man die Methode nicht beherrscht. Aber das ist natürlich mit fast allen wirksamen Therapien so. Ich würde kein Kind auch nur von ferne anschauen, wenn ich mit derartig dramatischen Komplikationen rechnen müßte. Die unerwünschten Reaktionen sind in 1.5 zusammengefaßt.

Die Zusammenarbeit funktioniert also auf mehreren Ebenen und etwa so:

● Früherkennung durch die Kinderärzte bei den U-Checks oder durch die Physiotherapeuten bei den danach angeordneten Behandlungen führen zur Vorstellung beim manualtherapeutischen Spezialisten.

- Untersuchung, Festhalten der Vorgeschichte und Röntgenanalyse gehen dann hier der eigentlichen Behandlung voraus.

- Die Kontrolle des Ergebnisses macht – je nach den räumlichen Bedingungen – entweder der erstuntersuchende (Kinder-)Arzt, die Physiotherapeutin oder der Manualmediziner. Bei uns machen meist die zuweisenden Kollegen oder die PhysiotherapeutInnen dies.

- Die Begleitbehandlung wird in der Regel vom betreuenden Arzt zu Hause in Absprache mit den Physiotherapeuten festgelegt, nachdem die drei Wochen Reaktionszeit der Behandlung bei uns abgewartet worden waren.

- Die Nachbeobachtung schließt alle Beteiligten mit ein. Das sind natürlich vor allem die Eltern. Nicht selten sieht man aber gewisse Entwicklungen zum Guten und Schlechten gar nicht, wenn man zu nahen Kontakt mit einem Kind hat. Ganz oft ist es eher die Oma oder Tante, die ein Kind nur alle paar Wochen sieht, die Veränderungen besser registrieren als die Familie.

- Neben der Familie ist es vor allem die Physiotherpeutin, die am besten die Entwicklung überblickt. Sie hat das geschulte Auge und sieht die Kinder viel häufiger als die Kinderärztin. Bei ihr laufen die Informationen zusammen. Sie schickt dann die Kinder gegebenenfalls wieder zu uns; ein kleiner Teil kommt aus eigenem Antrieb, ungefähr ein Drittel auf Anraten der KGs. Das hängt auch damit zusammen, wie gut man miteinander kommuniziert. Genauso wichtig sind die Anmerkungen der Kindergärtnerin, der Mototherapeutin, des Logo- oder Ergotherapeuten etc.

1.8 Die Behandlungspause

Als ich vor über fünfzehn Jahren die ersten Kinder behandelt hatte, war mein Rat an die Eltern immer: „Gehen Sie gleich morgen oder übermorgen zu Ihrer Krankengymnastik, damit man keine Zeit verliert. Je schneller man weitermacht, desto besser!". Und so verhielten sich die Familien auch meist.

Nun kam es bei einigen meiner kleinen Patienten dazu, daß die Mutter erkrankte, die Physiotherapeutin in Urlaub war, ein anderes Kind in der Familie alle Aufmerksamkeit brauchte – kurz, es wurde nicht behandelt. Zum Teil riefen den betroffenen Eltern mich dann beunruhigt an, um zu fragen, was man denn dann tun könne. Diese Kinder habe ich damals meist zur Kontrolle nach einigen Wochen einbestellt, um diese Frage dann zu klären.

Bei diesen Kontrollen fiel mir dann immer mehr auf, daß diese Babies sich nicht schlechter entwickelt hatten – sondern besser! Mit *weniger* Behandlung *mehr* erreichen? Das war doch ein Widerspruch! So ganz ungewohnt, wie das auf den ersten Blick schien, war es aber für mich doch nicht. Bei bestimmten Techniken der Halswirbelsäulenbehandlung von Erwachsenen kennen wir ähnliche Phänomene: auch hier muß man einige Zeit nach der Behandlung die Patienten in Ruhe lassen, und auch hier kommt es gar nicht so selten dazu, daß es den Patienten nicht sofort besser geht, sondern sie sogar manchmal eine Phase der Unruhe, gar Verschlechterung mitmachen. Viele Migränepatienten erleiden nach der Manualtherape erst einmal noch einen richtig starken Anfall, bevor es dann besser geht.

Die Konsequenz aus diesen Beobachtungen war natürlich, daß man diese Vermutung überprüfte, und siehe da, bei fast allen Kindern fand sich das gleiche Phänomen. Seither haben wir uns meist auf eine Behandlungpause von drei Wochen geeinigt. In Einzelfällen fällt sie kürzer aus (z.B. bei Trisomie-Kindern oder anderen speziellen Situationen). Ganz selten macht man mal eine längere Pause, was fast nie schadet. Als Kompromiß sind die 20 Tage aber ganz brauchbar, und Phsyiotherapeuten, die die gute Wirkung dieser Karenzzeit beobachtet haben, ziehen nach anfänglicher Skepsis auch mit.

Für Eltern ist es auf den ersten Blick nicht einleuchtend, daß man nach einer Behandlung der Wirbelsäule mit den anderen Therapien pausieren muß; ja, um noch weiter zu gehen: man muß den Eltern sagen, daß in den Wochen nach der Behandlung (am ausgeprägtesten in den ersten vierzehn Tagen) eine leicht irritierbare Situation vorliegt. Man trifft immer wieder auf Kinder, die einige Tage nach der Behandlung beim Sport oder beim Kabbeln mit den Geschwistern so gestoßen wurden, daß sie es zwar normalerweise wohl problemlos verdauen würden, nach der Behandlung die Situation aber so irritiert ist, daß solch ein eigentlich harmloses Trauma zu Problemen führt.

Beispiel 4: Ein Beispiel: Mark stottert nach dem Turnen:
Ein vierjähriger Junge kommt wegen Haltungs- und Koordinationsschwäche in krankengymnastische Behandlung. Er wird von seiner Physiotherapeutin nach Anbehandlung geschickt, da diese mit dem Fortgang der Therapie nicht zufrieden ist und ein Problem der Halswirbelsäule als Ursache der therapeutischen Schwierigkeiten vermutet.

Bei der Untersuchung findet sich eine ganz „normale", d.h. typische Situation. Ich entdeckte vor allem ein Problem an der oberen Halswirbelsäule, das auch einfach zu behandeln war. Ein entsprechender Arztbericht wird diktiert. Sechs Monate später kommt der Junge ein weiteres Mal zur Behandlung „um die letzten Kleinigkeiten zu beseitigen". Die Therapie ist ähnlich wie beim ersten Mal, aber noch sanfter, weil der Befund geringer ist.

Vier Tage später bekomme ich einen ganz aufgeregten Anruf der Physiotherapeutin: Der Junge stottere jetzt. Die Mutter führt es auf die Behandlung zurück und ist entsprechend unruhig. Bei einem Telefonat mit der Mutter ergibt sich, daß das Stottern drei Tage nach der Behandlung aufgetreten sei. Am Tage vorher sei sie mit dem Kind beim Mutter-Kind-Turnen gewesen. Er sei „nur ein bißchen gefallen"; nichts Besonderes. Am folgenden Morgen sei das Stottern losgegangen.

Ich beruhigte die Mutter erst einmal und sagte ihr, man könne jetzt ohnehin nicht viel machen und müsse abwarten. Sie solle sich einen Termin drei Wochen nach der Erstbehandlung geben lassen, dann würden wir nachschauen.

Zwei Tage vor dem Termin ruft mich die Mutter an und berichtet, daß das Stottern von selbst aufgehört habe. Ich habe den Jungen dann gar nicht mehr angeschaut. Telefonische Nachfrage bei der Krankengymnastin, die Mark noch mehrmals sah, ergab, er habe jetzt eine bessere Haltung und Koordination und stottere nicht mehr.

Moral: Nach der Behandlung sind die Kinder besonders empfindlich. Wenn etwas passiert, ist es am besten, Ruhe zu bewahren und abzuwarten. Ich bin überzeugt davon, daß es dem Jungen nicht bekommen wäre, hätte ich etwa versucht, direkt nach dem Trauma nochmals zu behandeln. Es hätte ihn überfordert.

Nun soll man nach diesem Beispiel nicht verhehlen, daß auch die manuelle Therapie bei Kleinkindern unerwünschte Effekte haben kann. Es gibt keine wirksame Therapie, die nicht auch Probleme aufwerfen könnte. Nach 15 Jahren Behandlung von Kindern kann ich aber guten Gewissens sagen, daß diese – wenn man richtig und nicht zu häufig behandelt – nicht gravierend sind. Es gibt immer wieder Kinder, die einige Tage „durcheinander" sind. Ältere Kinder klagen auch manchmal über Muskelkater oder eine Verstärkung der Beschwerden, deretwegen sie zur Behandlung gekommen waren. Ähnliches findet man auch bei Erwachsenen. In aller Regel klingen diese Beschwerden spontan ab, vor allem dann, wenn man ihnen Zeit dazu gibt.

Ein erfolgreich behandeltes Kind ist gesund und in seinem funktionellen Befund unauffällig. Wenn durch die asymmetrische Haltung schon eine Verformung des Kopfes entstanden war, bleibt diese über den Behandlungzeitraum hinaus bestehen, um dann erst im Laufe des weiteren Wachstums mehr oder weniger kompensiert zu werden. Die klassischen Untersuchungen sind aber genauso normal wie bei anderen Kindern. Aber eine gewisse Rückfallmöglichkeit bleibt.

Beispiel 5: Ein kleines Beispiel aus nächster Nähe:
Im Lauf der Zeit untersucht man natürlich auch sich selbst, zumal wenn diverse Symptome darauf schließen lassen, daß da auch einiges nicht so ganz in Ordnung ist. Da auch meine Halswirbelsäule die typischen Zeichen einer frühkindlichen Überbeanspruchung aufweist, lag es nahe, daß ich bei meinem Nachwuchs besonders vorsichtig war.

Als dann der – pünktlich zum Termin erschienene – Knabe per se nicht geboren werden wollte und deshalb eine Saugglocke zu Hilfe genommen werden mußte, gingen bei mir einige Warnlampen im Kopf an. Getreu meinen Vorgaben ließ ich die ersten Monate ins Land gehen, bevor ich nachschaute. Klinisch war der Knabe durch eine Schiefhaltung der Wirbelsäule nach rechts aufgefallen, und durch sehr ungebärdiges Schlafverhalten mit nächtlichem Weinen samt Aufwachen etc. Beim Krabbeln auf dem Boden fiel auf, daß er das linke Bein kaum beugte und dadurch ganz asymmetrisch – wenn auch durchaus sehr flott – vorwärtskam.

Das Röntgenbild zeigte eine diskrete Linksstellung des Atlas gegenüber der Schädelbasis. Beim Untersuchen klappte es links nicht so gut mit der Seitneigung; rechts hingegen war die Drehung um ein Viertel eingeschränkt. Vom Standpunkt des KISS-Spezialisten also eine „passende" Kombination von Untersuchungsergebnissen.

Ich behandelte den Knaben entsprechend, und er dankte es uns mit bedeutend besserem Durchschlafen. Auch das Krabbeln war jetzt symmetrisch.

Einige Zeit später – er war inzwischen zweieinhalb Jahre alt – stieß er sich den Kopf unglücklich an einer Tischkante. Da er eigentlich hart im Nehmen ist, fiel besonders auf, daß er diesmal ziemlich lange weinte. Einige Tage später machte mich meine Frau darauf aufmerksam, daß er das eine Bein viel weiter nach außen stellte und ganz unsicher die Treppe hinunterging. Ich wartete einige Wochen ab, bis der primäre Schmerzreiz abgeklungen war, und untersuchte den Hals. Da sich vom Befund her eine ähnliche Situation ergab wie vor der ersten Behandlung, begnügten wir uns mit dem alten Röntgenbild. Ich behandelte in ähnlicher Weise, und am Tag danach lief er wieder ganz normal.

Wenn man bei seinem Kind schon einmal eine KISS-Situation mitgemacht hat, kann ein neuerliches Trauma wieder zu ähnlichen Symmetriestörungen führen. Nach einigen Tagen Abwarten sollte man dann den Hals wie gewohnt untersuchen und ggf. behandeln. Wenn sich nichts Gravierendes am Befund geändert hat, ist es nicht nötig, noch einmal zu röntgen.

Hier noch eine kleine Randbemerkung: Wir hatten lange Jahre den Eltern gesagt, es genüge, die Kinder vor der Einschulung wiederzubringen. Erfahrungen der letzten Jahre und die Hinweise von Kinderärzten und KGs haben dies jetzt modifiziert: Wir bitten die Eltern jetzt, die Kinder mit zwei bis drei Jahren zur Kontrolle wiederzubringen. Man findet doch noch sehr viel, und es sind oft Kleinigkeiten, die für die Eltern kaum erkennbar sind, aber unbehandelt später viel mehr Ärger machen. Oft wird diese Überwachung auch zu Hause durch Kinderarzt und/oder PhysiotherapeutIn durchgeführt.

1.9 Im Telegrammstil

Aus dem Modell für die KISS-Problematik, wie wir es in den letzten zehn Jahren Schritt für Schritt entwickeln konnten, ergibt sich ein wirksames Werkzeug für die Voraussage bestimmter Begleiterscheinungen und Entwicklungen. Dadurch erst kann solch ein Modell überhaupt in der Praxis getestet werden. Man kann dann im Einzelfall abfragen, welche der bei KISS häufigen Symptome bei einem Baby oder Kleinkind noch aufgetreten waren. Dazu erhalten die Eltern bei uns das im Anhang wiedergegebene Merkblatt. Sie können so die allgemeinen Erscheinungsformen der KISS-Kinder mit ihren eigenen Erfahrungen vergleichen.

Kinderärzten, KrankengymnastInnen oder auch KindergärtnerInnen hilft die Kenntnis der dazugehörenden Begleitsymptome manches aufzudecken, was sonst übersehen würde. Damit kann Entwicklungen vorgebeugt werden, die sonst – Jahre später – zu Problemen führen. Dann sind sie ungleich schwieriger zu behandeln und werden oft gar nicht mit der Wirbelsäule in Zusammenhang gebracht. Darauf wird im dritten Teil dieses Buches eingegangen werden.

Wenn man sich vor Augen hält, wie viele KISS-Kinder später Bewegungsstörungen und damit allerlei Schulprobleme entwickeln, sieht man, wie wichtig das ist. Dann wird eben bei einem „schwierigen" Kind daran gedacht, auch den Hals nachzuschauen, und so nicht selten ein Problem behoben, das man vorher ganz auf der psychologischen Ebene vermutete.

Ausgegangen sind wir von der Asymmetrie, der gebogenen, „verbogenen", schiefen Haltung. Das war das Symptom, das am einfachsten mit Problemen der Halswirbelsäule in Verbindung zu bringen war. Das leuchtete auch Außenstehenden am ehesten ein.

Schwerer ist das schon, wenn es um Probleme der Hüftgelenke oder gar der Füße geht. Ein offensichtlicher Zusammenhang besteht nur für den, der die Steuerungsmechanismen kennt; für alle andern ist der Hals weit weg vom Geschehen und die Verbindung etwas suspekt.

Schließlich sei noch an die dritte Gruppe erinnert: die Kinder, bei denen Störungen der Grundregulation im Vordergrund stehen. Dies können der Schlaf-Wachrhythmus sein, unklares Fieber, Antriebsarmut, und Symptome, die in das Gebiet der zentralen Koordinationsstörung hineinreichen. Diese Fälle werden nur dann als wirbelsäulenbedingt erkannt, wenn als zusätzliches Symptom eine Asymmetrie den Zusammenhang nachvollziehbar macht oder der/die betreffende UntersucherIn durch Vorerfahrungen gewarnt ist.

Im folgenden Kapitel sollen die Grundlagen dargestellt werden, die – nach heutigem Kenntnisstand – hinter dem KISS-Syndrom stehen und seine Vielfältigkeit bedingen. Doch erst wollen wir der Methode der manuellen Medizin – oder auch: Chirotherapie – einige Aufmerksamkeit zukommen lassen.

2 Grundlagen

2.1 Die manuelle Medizin – ein Kind mit vielen Vätern

Jeder Mensch kommt im Laufe seines Lebens in eine unangenehme Situation, aus der ihn ein der *manuellen Medizin* Kundiger befreien kann. Wenn ich sage, daß ich mit manueller Medizin meine Brötchen verdiene, kommt fast immer der Einwurf: „*Ach ja, einrenken!*". Das trifft die sensible Künstlerseele natürlich, die sich mißverstanden fühlt. Das „Einrenken" als eindrucksvoller Moment der Behandlung bleibt natürlich im Gedächtnis des Patienten haften; vom Standpunkt des Behandlers ist es nur der Endpunkt einer Fülle von Überlegungen, die ja auch nicht immer nur ein „Krachen und Rumpeln" zum Ziel haben.

Was manuelle Medizin ist, kann vielleicht so zusammengefaßt werden: *Durch die Behandlung gestörter Bereiche des Bewegungsapparates den Organismus wieder voll funktionstüchtig und schmerzfrei machen* – und ich würde hinzufügen: möglichst sanft und effektiv. Das umfaßt all seine Teile, von den Gelenken über die Muskeln, Bänder und Sehnen bis hin zum Bindegewebe. Entsprechend vielfältig sind die verwendeten Methoden: von zartesten streichenden Behandlungen verbackener Weichteilschichten unter der Haut bis hin zum altbekannten und so beeindruckenden „Einrenken" gehört alles dazu.

Das weist zurück in die Vergangenheit; unsere Zunft stützt sich nicht nur auf die ärztliche Tradition, sondern eben auch auf die „Bader und Salber", die nicht zuletzt zu den Vorläufern der Chirurgen zählen. Bis ins achtzehnte Jahrhundert hinein machte man durchaus einen Unterschied zwischen den „richtigen" Ärzten – einem angesehenen und wohlhabenden Berufsstand – und den Wundärzten und Badern, die weitaus schlechter beleumundet waren. Vom türkischen Masseur im Hammam über den Friseur der Mittelmeerländer, der beim Haareschneiden gleich den Hals weich macht, bis zum „Knochensetzer" unserer Breitengrade reicht das Spektrum unserer Ahnherren, und man sollte sich ihrer nicht schämen. Wer etwas konnte, wurde anerkannt, ob er nun Schäfer, Friseur oder Bader war. In den letzten Jahrzehnten konnten nun diese empirischen Methoden aufgegriffen und verbessert werden. Heute gibt es fast keinen Orthopäden mehr, der nicht wenigstens von manueller Medizin gehört hat. Viele haben die Kurse besucht und sich zumindest Teile davon angeeignet.

Neben den vielfältigen „außermedizinischen" Quellen gibt es auch eine ärztliche Tradition, die sich über die klassische Antike und die mittelalterliche arabische Medizin bis in unsere Zeit verfolgen läßt. Darüber sind ganze Bücher geschrieben worden (vgl. Anhang). Wir wollen hier einen Arzt herausgreifen, der an der Schnittstelle mehrerer Einflüsse steht.

1658 wird in Lyon NICOLAS ANDRY geboren. Er beginnt seine akademische Laufbahn als Theologe und sattelt spät erst um auf die Medizin. Er lehrt und arbeitet in Paris, wo er sich streitbar im Konflikt zwischen Ärzten und Chirurgen engagierte.

Abb. 2.1   Behandlung von Kleinkindern im 18. Jahrhundert (aus ANDRY[1]).

Sein Hauptwerk wurde erst kurz vor seinem Tode (1741) publiziert und schnell übersetzt; weit darüber hinaus blieb es wirksam. ANDRY schuf den Begriff *Orthopädie*, der – wörtlich übersetzt – etwa mit „Gerade(richten) der Kinder" wiedergegeben werden könnte. Wir sehen mit Verblüffung, wo die Orthopädie begann (Abb. 2.1)!

Nun ist sicher nicht alles, was ANDRY publiziert hatte, heute noch gültig. Genauso überraschend ist aber, wie viel seiner Erkenntnisse noch ganz aktuell ist. Man trägt den eigenen Kopf nicht mehr ganz so hoch, wenn man realisiert, wie schlau unsere Vorväter waren... Als Beispiel dafür seien aus der deutschen Übersetzung seines Buches von 1744 einige Zitate zur Behandlung von (Klein-)Kindern wiedergegeben[1]:

> *„Bey verschiedenen Kindern ist der Hals unbeweglich schief gedreht oder steif, so daß sie ihn nicht bewegen können, wie sie wollen. Wenn dieses Gebrechen von Geburt kömmt, so kan man nicht zeitig genug dazu thun, dasselbe zu verbessern. Es brauchet weiter nichts als eine schwere Niederkunft, Gelegenheit zu solchen Unfoermichkeit zu geben ...*
>
> *Was ist in diesem Falle zu thun? man muß, so bald das Kind gebohren ist, ihm den Hals mit ein wenig laulichtem Weine und Oele gelinde reiben, und bey dem Orte anfangen, gegen welchen der Hals gedrehet ist, und an dem anderen endigen; dann den Kopf des Kindes ohne Gewalt zu bewegen suchen; denn hier darf man keine Gewalt brauchen."* ...

ANDRY hat uns auch in seinem Werk das Symbol der Orthopädenzunft hinterlassen: das schief gewachsene Bäumchen, das durch einen Stock und Strick geradegezurrt wird (Abb. 2.2). Dieses Leitbild (immerhin das Logo des Berufsverbandes der Orthopäden) wurde von vielen als Handlungsvorschrift mißverstanden, und so ist die Geschichte der Orthopädie nicht zuletzt auch die Geschichte von Bandagen, Korsetts, Prothesen, Redressionsverbänden und anderen „Geradehaltern" (vgl. Abb. 2.3), obwohl an dem obigen Zitat ein ganz andere Grundeinstellung erkennbar ist.

Erst auf dem Umweg über Neurophysiologie, die moderne Krankengymnastik und nicht zuletzt die manuelle Therapie kam ein anderes Denken in die Orthopädie zurück. Wir haben gelernt, die Entwicklung des Bewegungsapparates besser zu begreifen und können so durch eine gezielte Hilfe mehr erreichen als durch ein schematisches Geradeziehen.

2.2 Wir alle sind asymmetrisch

Symmetrie ist in unserem ästhetischen Empfinden tief verankert. Der Mensch wird als ebenmäßig empfunden, dies auch in der Kunst und Architektur als Schönheitsideal angestrebt.

---

[1] N. ANDRY: L'orthopédie ou l'art de prévenir et de corriger dans l'enfants, les difformités du corps. Le tout par des moyens à la porteé des pères & des mères, & de toutes les personnes qui ont des enfants à élever. Paris 1741. dtsch: Orthopädie oder die Kunst, bei Kindern die Ungestaltheit des Leibes zu verhüten und zu verbessern. J. Rüdiger, Berlin 1744. Nachdruck (Hrsg. D. WESSINGHAGE) Schattauer, Stuttgart 1987.

Abb. 2.2 Das krumme Bäumchen. Dieses Sinnbild orthopädischer Tätigkeit stammt ebenfalls aus dem Buch von ANDRY[1].

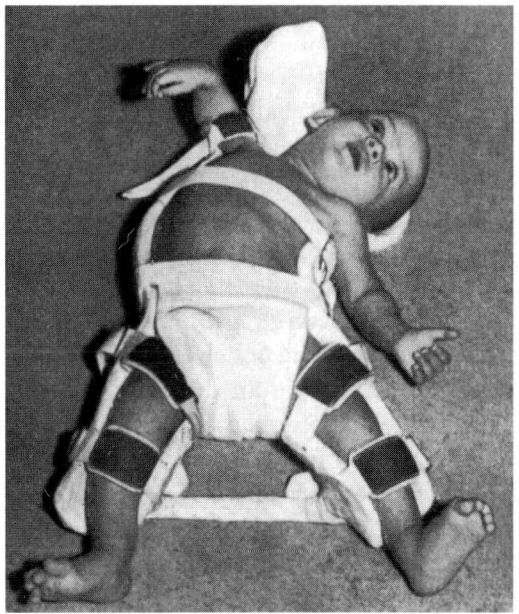

a

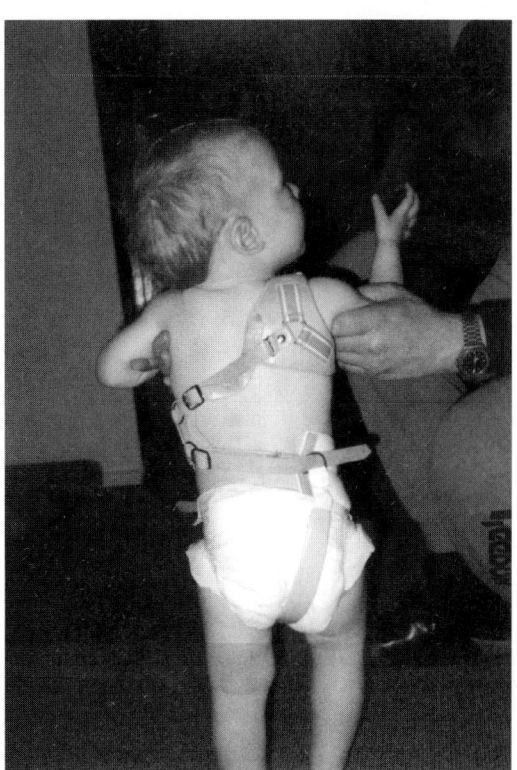

b

Abb. 2.3 a, b Das zurecht-geschnallte Baby. **a** Die Abbil-dung zeigt, wie fixiert auf passi-ves Geradebiegen die Orthopädie lange war, auch in einem Buch, das der krankengymnastischen Behandlung schiefer Babies ge-widmet war – aus H. MAU, I. GABE: Die sogenannte Säuglingskoliose und ihre krankengymnastische Behandlung, Thieme, Stuttgart 1962. Und damit man nicht zu optimistisch wird, ein Beispiel aus jüngster Zeit (1995, **b**). Nach einer Behandlung bei uns war die Asymmetrie übrigens weitgehend behoben…

a

Abb. 2.4 a–c   Ein symmetrisches Gesicht aus dem Computer. Wenn man zwei Hälften eines Gesichtes nimmt und sie jeweils ergänzt, erkennt man, wie ungleich sie fast immer sind, ohne daß uns dies auffiele (**b** linke, **c** rechte Hälfte).

Und auf den ersten Blick sind wir symmetrisch: die Gliedmaßen, die Sinnesorgane sind paarig angelegt, der Rumpf in seiner Längsachse symmetrisch. Was bei uns einfach vorhanden ist, findet sich in der Mittelline, von Mund und Nase bis zu den Sexualorganen.

Doch schon ganz oben wird diese Seitengleichheit durchbrochen: die meisten Menschen haben eine asymmetrische Frisur (so ihren Kopf noch Haare zieren). Daß die Funktion unserer Hände nicht gleich ist wissen wir, und sie sind auch verschieden stark entwickelt (bis zu 2 cm Umfangsdifferenz der Arme gelten als normal). Wenn man dann ans Innenleben geht, ist von der Symmetrie nicht mehr viel übrig. Herz, Leber, Milz und andere große Organe sind asymmetrisch angeordnet.

Trotzdem scheint ein symmetrischer Körperbau große Vorteile zu haben. Bei den Säugetieren fällt mir kein Beispiel für massive Asymmetrie ein, wie wir das von den Hummern oder den Plattfischen kennen. Ein Ebenmaß wird angestrebt. Welche evolutionären Vorteile das bringt, wissen wir heute noch kaum.

Wenn man das ästhetische Empfinden untersucht, ist man verblüfft, daß eine absolute Symmetrie nicht als besonders schön empfunden wird. Ein Beispiel sei Abb. 2.4: Wenn man ein Portraitfoto in seine beiden Hälften zerlegt und jeweils die linken und

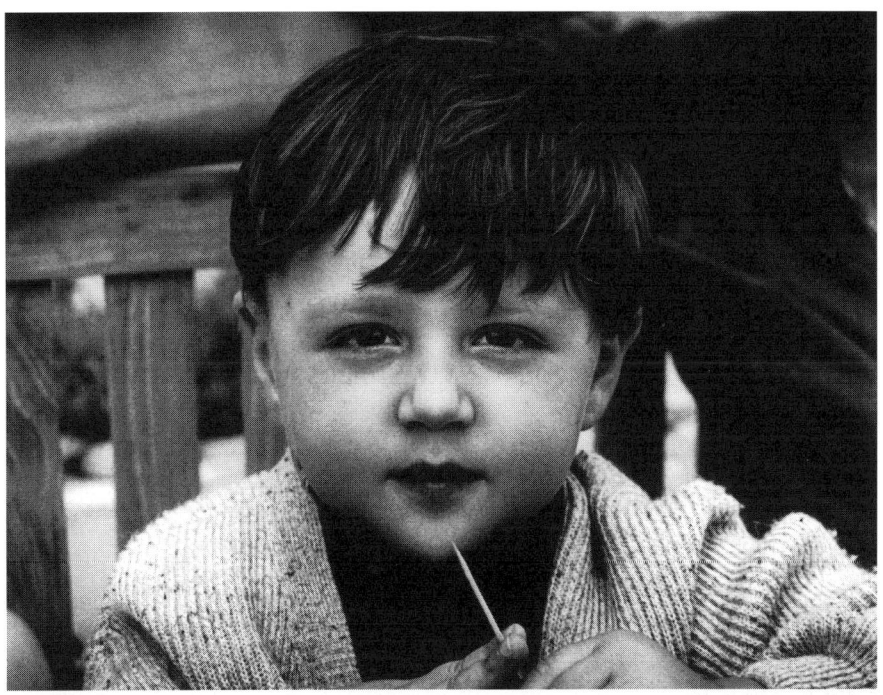

b

c

rechten Gesichtsteile durch Spiegelung ergänzt, entsteht ein ungewohnter und meist nicht als Verbesserung empfundener Eindruck. Wir scheinen also beides zu benötigen, die übergeordnete Symmetrie des Ganzen und die kleinen Abweichungen davon in den Details.

Bei Reihenuntersuchungen von Wirbelsäulen stellte man schon in den fünfziger Jahren fest, daß fast niemand eine völlig gerade und damit symmetrische Wirbelsäule hat. Fast jeder hat einen kleinen Schlenker irgendwo, ohne daß dies zu vermehrten Beschwerden führte. Erst wenn ein bestimmtes Maß überschritten ist, kommt es zu Krankheitserscheinungen. Es ist also nicht einfach, eine klare Grenze zwischen einer „normalen" Asymmetrie und behandlungsbedürftigen Zuständen zu ziehen.

Die Kriterien für eine Grenzziehung zwischen normaler Formvariante und Krankheitsbefund zu erarbeiten, ist nicht immer eindeutig möglich; vieles muß sich aus dem Zusammenhang ergeben. Auf diese Gratwanderung muß sich jeder einlassen, der mit der Behandlung nicht warten will, bis massive Befunde vorliegen, die dann meist nicht mehr mit regulierenden und funktionellen Mitteln behoben werden können.

Eine Flut von Büchern hat sich damit beschäftigt, Verbindungen zwischen der Ausbildung von Asymmetrien und bestimmten Charaktereigenschaften zu konstruieren. Die „Phrenologen" wiesen jeder Gesichts- und Kopfregion einen Charakterzug zu. So meinten sie von der Form des Gesichts auf den Charakter seines Besitzers rückschließen zu können. In der zweiten Hälfte des 19. Jahrhunderts war es die Schule um den Anatomen BROCA, die sich hier hervortat. Kopfgröße wurde mit Intelligenz gleichgesetzt. Das war für BROCA doppelt praktisch, denn so konnte er „beweisen" daß Frauen mit ihren kleineren Köpfen „natürlich" dümmer seien als Männer.

Aber schon vor hundert Jahren wurde dieser Standpunkt still und leise verlassen, als man beim Messen der Hirngröße verstorbener Berühmtheiten feststellte, daß alles Verbiegen der Tatsachen nicht genügte, um einen Zusammenhang zwischen dem Hirngewicht und der Intelligenz zu konstruieren. Im Faschismus erlebte diese „Wissenschaft" noch einmal eine traurige Blüte, mit bekanntem Ergebnis. Halten wir es lieber mit S.J. GOULD: „Ich bin weniger interessiert am Gewicht und den Windungen von Einsteins Gehirn als an der ziemlich sicheren Tatsache, daß Menschen mit gleicher Begabung auf den Baumwollfeldern und in Hinterhofklitschen lebten und starben"[2].

Form oder gar Größe eines Körperteils sagen wenig über die Qualitäten seines Besitzers aus. Niemand wird bestreiten, daß wir unbewußt Verbindungen zwischen dem ersten Anblick eines Gegenüber und seinem Charakter herzustellen versuchen. Jeder Mensch arbeitet mit diesem „Vorurteilen", wenn er einem ihm Unbekannten gegenübersteht. Ist man sich seiner Vorurteile bewußt und bereit, sie zu überprüfen, können sie kaum Schaden anrichten; es wäre ohnehin müßig, sich von ihnen lossa-

---

[2] STEPHEN JAY GOULD: The Pandas Thumb. New York, 1980. Man vergebe mir meine Übersetzung.

gen zu wollen. Oder – um es mit OSCAR WILDE zu sagen: „Nur oberflächliche Leute weigern sich, nach dem ersten Eindruck zu urteilen".

Ein Blick in die Verhaltensforschung zeigt, daß diese „Vorurteile" auch bei Tieren nachweisbar sind. Man hatte sich raffinierte Versuchsanordnungen ausgedacht, die sich mit den bevorzugten Partnern bei der Paarung und den Gründen dafür auseinandersetzten. Deutlich wurde, daß Partner mit symmetrischem Äußeren deutlich bessere Chancen hatten. Darauf aufbauend dachte man darüber nach, wie diese Präferenz zustande kommt; wie fast immer scheint auch hier ein Vorteil bei der Produktion der Nachkommenschaft Grundlage zu sein. Aber ganz so einfach ist's wohl doch nicht. Schließlich ist buntes Gefieder, ein großes Geweih – und was dem beim Menschen so an Imponiergehabe entspricht – auch nicht linear mit verbesserten Fortpflanzungschancen gleichzusetzen.

Gesichtsasymmetrien sind *auch* Denkmäler durchgemachter Lebenskrisen: Ein chronisch entzündeter Zahn im Heranwachsendenalter kann als bleibende Erinnerung eine dickere Backe hinterlassen. Narben von Unfällen führen ebenso zu Asymmetrien. Andere Fehlentwicklungen können symmetrische Veränderungen nach sich ziehen. Nicht zuletzt hinterlassen Verletzungen bei der Geburt Asymmetrien, teils als direkte Verschiebung der Schädelknochen, teils indirekt durch schiefes Wachstum aufgrund von Störungen im Übergang Schädel-Hals.

Es ist überraschend, wie sehr man Auffälligkeiten übersieht, wenn man nahe genug damit konfrontiert ist. Prominentestes Beispiel der letzten Jahre ist der Pigmentfleck im Gesicht von GORBATSCHOV. Erinnert man sich heute des letzten Präsidenten der UdSSR, werden die meisten Menschen Schwierigkeiten haben, ihn auch nur einigermaßen korrekt zu lokalisieren, wenn sie sich des Flecks überhaupt bewußt sind. So erstaunt es kaum, daß viele Eltern auch massive Asymmetrien von Gesicht und Haltung bei ihren Kindern übersehen.

Beispiel 6: Ich erinnere mich eines Falles, bei dem dies Freunde von uns betraf. Beide von Beruf Architekten, waren sie schon dadurch geschult, auf Proportionen und Symmetrie zu achten. Als ich bei einem gemeinsamen Urlaub mit ihrem Sohn zusammentraf, sagte ich ganz spontan: „Seht ihr nicht, wie asymmetrisch der ist" – was beide verblüffte. Weiteres Nachbohren förderte dann eine ganze Fülle von Problemen zutage, die mit Spannungen im Nacken zusammenhängen können, wie Schlafprobleme, motorische Seitenlastigkeit etc.

Das Auffälligste für seine Eltern war dabei die Tortur des Autofahrens: Während das mit ihrem ersten Kind nie ein Problem gewesen war, konnte der Sohn nie länger als eine halbe Stunde ohne Pause mitgenommen werden. Spätestens dann wurde sein Protest so stark, daß eine Unterbrechung gemacht werden mußte, wodurch Reisen in den Urlaub zur Qual wurden. Nach der Behandlung – die mangels Röntgenbildern leider nicht am gemeinsamen Urlaubsort erfolgen konnte – war das Problem schlagartig behoben. Er schlief danach gut, und war ganz allgemein „viel umgänglicher", wie es die Mutter formulierte. Die schmerzhafte Bewegungsstörung an seinem Hals war beseitigt, und so konnte er seine Aufmerksamkeit wieder anderen Dingen zuwenden.

Es gibt viele Patienten, bei denen eine Asymmetrie auf durchaus gewichtige Probleme hinweist, die aber trotzdem völlig beschwerdefrei sind. Gott sei Dank ist das so; man denke nur daran, wie viele Kinder früher überhaupt nicht – oder höchstens mit völlig unzureichenden Mitteln – behandelt worden waren. Nicht jeder, der in seiner frühen Jugend eine KISS-Problematik durchmacht, muß deshalb später Schwierigkeiten bekommen; man steckt das weg. Aber das Weggesteckte ist nicht vom Erdboden verschwunden.

Symmetrie scheint nun auch für den Menschen ein Entwicklungsziel mit hoher Priorität zu sein. Der wachsende Organismus unternimmt große Anstrengungen, eine achsengerechte Form zu erreichen. Nach dem Erlernen des aufrechten Ganges kommt uns dabei die Schwerkraft und der Horizont als Orientierung zu Hilfe. Säuglingen fehlen diese Kriterien. Sie leben ihre Schiefheit viel mehr aus. Mit der Aufrichtung werden die Orientierungsreize nicht zuletzt auch zur Erreichung der Symmetrie genutzt; deshalb werden viele „schiefe Kinder" mit der Aufrichtung um den ersten Geburtstag herum scheinbar gerade. Das war und ist auch für nicht wenige Kinderärzte Grund dafür, eine Behandlung von KISS-Kindern als völlig unnötig abzulehnen. „Das verwächst sich doch!", sagen sie und unterstellen dem Behandler übermäßigen Tatendrang oder gar finanzielle Motive.

Hier wird aber die Symmetrie nicht dadurch erreicht, daß die ihr zugrundeliegende Asymmetrie beseitigt wäre. Wir konnten zeigen, daß diese Kinder in der Regel ihre Störungen der Halswirbelsäulenfunktion behalten. Sie haben sich damit arrangiert – scheinbar. Wenn dann andere Beanspruchungen (der „Zweitschlag") hinzutraten, kam es zur Krise.

2.3 Der goldene Mittelweg

Von KONFUZIUS stammt die *Doktrin von Maß und Mitte*, die uns kluges Abwägen und das Suchen des Mittelweges empfiehlt. In unserem Kulturkreis findet sich ähnliches bei ARISTOTELES, der seinen *Goldenen Mittelweg* schon vor über 2000 Jahren empfahl. So müssen wir hier davor warnen, aus jeder Mücke einen Elefanten zu machen: nicht jede schiefe Kopfhaltung ist Grund zur Sorge; eine etwas fülligere Backe (oben oder unten) muß nicht gleich eine behandlungsbedürftige Asymmetrie verbergen.

Aber genauso, wie man eben „unten" eine Ultraschalluntersuchung der Hüftgelenke machen wird, um sicherzugehen, schadet es nicht, jemandem den Hals seines Sprößlings zu zeigen, der etwas davon versteht. Das muß beileibe nicht der oder die sein, die gegebenenfalls die Behandlung durchführen; viele Kinderärzte und KrankengymnastInnen können entscheiden, ob eine genauere Untersuchung und Behandlung nötig ist. Sie verweisen dann weiter.

Wir Manualmediziner sind in der Zwickmühle: auf der einen Seite wünschen wir uns, alle die Säuglinge in die Hände zu bekommen, bei denen eine Behandlung nötig ist und später viel aufwendigere Therapien verhindern hilft. Auf der anderen Seite aber soll man nicht alle Eltern verrückt machen, deren Kind hin und wieder den Kopf schief hält. Man erinnere sich des alten Spruchs: „Keiner ist gesund, sondern nur zu wenig untersucht", wozu weiter unten noch einiges zu sagen sein wird.

Zwischen diesen beiden Extremen gilt es den Mittelweg zu finden; hält man sich die wenig aufwendige und praktisch risikolose Behandlung vor Augen, wird man eher ein Kind zu viel anschauen und behandeln, als sich später darüber zu grämen, nicht rechtzeitig eingegriffen zu haben. Aus Reihenuntersuchungen wissen wir, daß ungefähr jedes zehnte Neugeborene Funktionsabweichungen der Halswirbelsäule hat. Weitere Untersuchungen zeigten, daß man wohl von 3 % ausgehen kann, die eine Behandlung brauchen. Das sollte genügen, die Überprüfung der Wirbelsäule und der Haltung von Kleinkindern fest im Vorsorgeschema zu verankern.

90 % Spontanheilungen?

Bei Workshops und Fachdiskussionen kommt immer wieder das Argument der 90 % die spontan besser werden. Man habe eben nicht lange genug abgewartet. Wenn man dies diskutieren will, muß man zuerst fragen, was denn als spontane Heilung deklariert werden soll. Daß die Kinder mit zwei Jahren gerade sind? Wenn man diese genügsame Definition zugrunde legt, kann man allerdings in den meisten Fällen die Hände in den Schoß legen.

Legt man allerdings eine etwas tiefgründigere Beschreibung von Gesundheit zugrunde, verschiebt sich das Bild ganz erheblich: Die anfangs „krummen" Kinder werden – scheinbar – gerade, das stimmt. Untersucht man aber diese scheinbar symptomfreien Kinder genauer, stellt man fest, daß sie fast immer eine Einschränkung der Kopfbeweglichkeit behalten. Das wird im Alltag kaum auffallen, da die Kinder es gut ausgleichen können. Warum sich also darüber aufregen?

Diese Neigungseinschränkung ist das „Denkmal" eines Funktionsdefizits, einer fehlenden Fähigkeit zu freier Bewegung. Deren Ausgleich durch das Kind ist Zeichen der enormen Kompensationsfähigkeit unseres Organismus. Dies setzt uns in die Lage zu funktionieren, wenn nicht alles optimal ist. Doch dieses Funktionieren hat seinen Preis: Kommt eine weitere Belastung (der „Zweitschlag", s. u.) hinzu, wird es enger. Ein Deich bricht erst, wenn die letzten Zentimeter überspült sind.

Dazu kommt es nun oft genug. Bei Heranwachsenden kann das ein Unfall sein, die einseitige Haltung und Belastung in unserer städtischen Umgebung, die fehlenden Anforderungen an Muskulatur und Bewegungsapparat. Wenn einer in der Schule und bei den Hausaufgaben viel „büffeln" muß, können fehlende 5° bei der Kopfvorbeuge den Unterschied zwischen Beschwerdefreiheit und Kopfschmerzen ausmachen.

Nun kommt oft das Argument: „Dann warte halt, bis solche Beschwerden auftreten, dann kannst Du immer noch die Halswirbelsäule behandeln". – Stimmt. Aber: Hat man beim Kleinkind noch die Chance, ein plastisches und unverändertes System von einer Verspannung zu befreien (und damit zu heilen), muß man sich bei älteren Kindern meist mit einer Reparatur zufriedengeben. In Jahren der Fehlbelastung haben sich die Wirbelgelenke dieser Funktionsasymmetrie angepaßt. Wenn man jetzt solch eine Blockierung löst, „rutscht die Wirbelsäule nicht in die Mitte zurück" wie es einmal eine Mutter als Frage formulierte. Die Bewegungsharmonie ist wiederhergestellt, aber eben in einer durch die Form der Gelenkpartner vorgegebenen nicht-optimalen Weise. Damit ist eine Schwachstelle da. Die Chance, daß es hier wieder zu Schwierigkeiten kommt, ist nicht gering. Deshalb spreche ich hier lieber von „Reparatur" als von Heilung.

Man sollte das nicht überdramatisieren: Eine gute Manualtherapie in Verbindung mit vernünftiger Vorbeugung durch Haltungsschulung und Sport (vgl. Anhang) bringt in der Regel lange Beschwerdefreiheit. Zwei Probleme darf man aber nicht vergessen:

- Oft wird gar nicht an eine Funktionsstörung der Wirbelsäule als Beschwerdeursache gedacht.

Im dritten Abschnitt dieses Buches werden wir einige Beispiele anführen, bei denen Kindern durch Behandlung der Wirbelsäule geholfen werden konnte und anfangs keiner daran gedacht hatte. Von Plattfüßen bis zum Rowdy-Verhalten im Kindergarten reicht die Palette, und ihr breiter Fächer zeigt, wie schwierig das Abgrenzen oft ist. Nicht jeder Plattfuß, nicht jedes unruhige Kind kann mit Manualtherapie gebessert werden. Aber daran denken sollte man eben, und daran gedacht wird – zumindest heute noch – immer noch viel zu selten.

- Die Behandlung ist später fast immer aufwendiger als beim Kleinkind.

Der Organismus durchläuft Prägungsphasen, die seine Ausformung richtungsweisend bestimmen. Es gibt bestimmte Zeitfenster, in denen das sich entwickelnde Kind für Störungen – und Hilfe – extrem sensibel ist. Wir wissen aus der Kinderorthopädie, wie wichtig es ist, früh genug zu behandeln. Mit einem Klumpfuß, den man erst einige Wochen sich selbst überläßt, hat man viel mehr Mühe, als wenn man gleich nach der Geburt therapiert.

So ist es auch mit der Behandlung der Wirbelsäulenfunktion. Bei Babies, die vor dem Laufenlernen kommen, haben wir es viel einfacher als danach. Bei Schulkindern, die erst mit neun oder zehn Jahren vorgestellt werden, muß man deutlich häufiger und aufwendiger arbeiten als im Alter zwischen drei und fünf, in dem Frühzeichen aber viel diskreter sind und deshalb oft nicht auffallen.

Man braucht zwei zum Tanzen könnte man fast sagen, wenn man die Fallgeschichten unserer kleine Patienten durchsieht. Das nimmt auch kaum Wunder, da wir sonst davon ausgehen müßten, viel mehr Neugeborene behandeln zu müssen. Wissen wir doch aus Reihenuntersuchungen symptomfreier Kinder, daß man für viele Problemfelder zwischen 10 % und 20 % betroffene Neugeborene findet. Das sind bei der einen Untersuchung Hirnblutungen nach der Entbindung, bei der anderen Fehlhaltungen oder Reflexauffälligkeiten, bei der dritten Störungen des Herz-Kreislauf-Systems.

Wenn man sich all die Klippen vergegenwärtigt, denen ein Neugeborenes ausweichen muß, kann einem schon angst und bange werden. Nun, wie wir alle wissen, klappt es ja meist; um so interessanter ist die Frage, wann es nicht klappt. Dies zu beantworten bedarf es eines kleinen Exkurses, will sagen: eines Umweges.

In den zwanziger und dreißiger Jahren gab es eine intensive Forschung auf dem Gebiet des vegetativen Nervensystems, die sich mit der Steuerung, der Reizbeantwortung und mit Schlaf-Wachrythmus, Blutdruck- und Schweißregulation etc. auseinandersetzte. All diesen Basis-Regelkreisen ist gemeinsam, daß sie von ungeheuer vielen Faktoren beeinflußt werden und entsprechend schwierig in ihrem vollen Umfang zu durchschauen sind. Man denke nur daran, daß der Blutdruck sowohl durch eine Tasse Espresso, als auch durch den Gedanken an die bevorstehende Prüfung oder durch ein überraschendes Geräusch im Nebenzimmer zu steigern ist.

Bei diesen Untersuchungen stieß man auf das Phänomen des *Zweitschlages*. Vereinfacht gesagt ist damit ausgedrückt, daß eine einzelne Überbelastung eines Organsystems meist erfolgreich überstanden werden kann. Wenn aber in der darauf folgenden Reparaturphase eine zweite Belastung – eben ein „Zweitschlag" – hinzukommt, bricht die Abwehr zusammen.

Wir kennen dieses Problem zum Beispiel aus der Unfall-Begutachtung: Ein an sich „harmloser" Unfall kann ganz weitreichende und hartnäckige Folgen haben, wenn ihm ein erster – ebenso harmloser – Unfall vorausgegangen ist. Auch in der Chirurgie ist dies gang und gäbe: ein harmloser Keim kann großen Schaden anrichten, wenn der Organismus durch eine Operation, eine Bestrahlung oder starke Krebsmedikamente geschwächt ist.

Auf unser Problem bezogen heißt das: Eine schwere Geburt wird von dem kleinen Menschen meist trotz der dabei erlittenen Verletzungen gut überstanden. Wenn aber schon vorher im Mutterleib eine Schieflage bestand, hat es das Neugeborene schwerer. Wenn lange Preßwehen – die den Körper komprimieren und unter Druck setzen – plötzlich mit einer Saugglockenentbindung beendet werden, führt dieser abrupte Wechsel von Druck und Zug zur Überbelastung. Wenn zu einer schweren Geburt noch ein Infekt, ein Trauma, eine einseitige Belastung kommt, dann wird es zuviel.

Diese Faktoren sind nicht immer zu erkennen oder gar vorherzusehen. Man wird im Einzelfall untersuchen müssen, wieviel verborgene Funktionseinschränkungen ein Kleinkind hat, und dann abschätzen, welche Therapie (und ob überhaupt eine) nötig ist.

Diese Sichtweise unter Einbeziehung der Gefahr eines Zweitschlages ist es auch, die bei vielen Kindern zu vorbeugender Behandlung führt. Ich warte nicht mit der Therapie einer Gangunsicherheit, bis sich ein Kind beim Sturz verletzt hat, und behandle eine Wahrnehmungsstörung, bevor ein Schüler z.B. sitzengeblieben ist, eine Muskelverspannung, bevor der Kopfschmerz da ist. Leicht gemacht wird einem dieses Herangehen um so mehr, je weniger aufwendig eine Therapie ist – wie in unserem Falle. Um aber nicht jeden und alles zu behandeln, sollte man sich ein Untersuchungsraster zurechtlegen, das zumindest eine Grobauswahl erlaubt.

Erfahrene Internisten können ein Lied davon singen, wie längst vergessene Infektionen (z.B. eine alte Tuberkulose) just in dem Moment wieder Probleme machen, in dem andere schwere Erkrankungen den Organismus beschäftigen. In solch einem Augenblick, wo man es am wenigsten brauchen kann, „kocht es wieder hoch". Granatsplitter bei Kriegsverletzten sind ein vergleichbares Problem: auch sie „meldeten" sich Jahre später plötzlich, wenn ihr Besitzer sie längst vergessen hatte.

Ganz ähnlich ist es mit den Schwachpunkten, die ein durchgemachtes KISS-Syndrom bei uns hinterläßt. Unsere Aufmerksamkeit war ja erst dadurch auf die Kleinkinder gelenkt worden, daß man bei älteren Kindern, die zur Behandlung kamen, nach Vorursachen fahndete. Gab es in der Vorgeschichte eines Kindes mit Schulkopfschmerz einen Anhalt für Probleme, die man damals nicht ernstgenommen hatte? Hätte man es sich und den Kindern einfacher machen können, wenn sie früher behandelt worden wären?

Viele Jahre lang konnte unser Verdacht nicht erhärtet werden. Erst seitdem es eine gut organisierte Vorsorge bei den Neugeborenen gibt (die bekannten gelben „U"-Hefte), kann man das besser festmachen. Eine wichtige Hilfe war auch, daß heute viele Kinderärzte mit den modernen krankengymnastischen Verfahren Kontakt bekommen haben und dadurch viel feinfühliger untersuchen. So werden manche früher übersehenen Befunde heute zumindest dokumentiert.

2.4 Erbgut oder Umwelt?

„Nature or nurture" – also: Anlage oder Aufzuchtbedingungen – auf diese kurze Formel ist das Problem im englischen gebracht worden. Was ist denn *der springende Punkt*?

Lange Jahre hindurch wurde der Einfluß der Umwelt auf die Entwicklung des Einzelnen sehr ernstgenommen. In letzter Zeit ist wieder einmal Mode geworden, die Ursachen für alles und jedes in den Genen zu suchen. Die Erbmasse ist an allem schuld, vom Übergewicht bis zur Haarfarbe. Das liegt natürlich nicht zuletzt an den seit einigen Jahren sprunghaft gewachsenen Möglichkeiten, unser Erbgut nach allen möglichen Genen abzusuchen und eine Verbindung mit der Ausprägung des individuellen Organismus herzustellen.

Nun gibt es Dinge, die 1:1 vorgegeben sind, man denke nur an die Haarfarbe. Auch manche erbliche Krankheiten fallen einem hier ein, z.B. die Hämophilie (Bluterkrankheit). Bei vielen anderen Erkrankungen wird eine gewisse Veranlagung vererbt, z.B. beim Diabetes oder bei *bestimmten Formen* des Brustkrebses. Aber da fängts schon an: Von der Tatsache, daß bei bestimmten Formen des Mamma-Karzinoms (weniger als 10%) eine Erblichkeit bewiesen ist, wird dann oft auf alle Brustkrebsfälle rückgeschlossen.

Noch irrsinniger sind Aussagen wie: kriminelles Verhalten – hoher IQ – Homosexualität sind vererblich. Für all diese Merkmale sind letztendlich unsere Erbmasse die Grundlage, der Hintergrund, auf dem sie sich entwickeln. Derart komplexe Sachverhalte kann man aber nicht so verkürzen, daß man eben ein Gen hat oder nicht hat, und dann homosexuell, hochbegabt oder kriminell wird – von der schwierigen Definition dieser Sachverhalte ganz abgesehen.

Eine Eichel wird im guten Waldboden und bei genug Platz in einigen Jahrhunderten zum stattlichen Baum. Im Topf eines chinesischen Gärtners wird ein Bonsai draus. Beides hat seinen Reiz und seine Daseinsberechtigung. Auch heute noch dürften ungünstige Umweltbedingungen und lieblose Familienverhältnisse mehr Hemmnisse für die Entwicklung unserer Jugend bereithalten als etwa eine „minderwertige" Genstruktur. Selbst bei Krankheitsbildern, bei denen eine Schädigung des Erbgutes zugrunde liegt (man denke an die Trisomie 21, das DOWN-Syndrom), kann man vielfältig eingreifen. Ein Trisomie-Kind, das durch Frühförderung, richtige Ernährung und soziale Integration optimal unterstützt wird, hat ein ungleich erfüllteres und fröhlicheres Leben vor sich als ein Baby, bei dem solch eine Diagnose zum Hände-in-den-Schoß-legen führt.

Es ist also wenig hilfreich, hier einseitig die Erbmasse im Auge zu haben. Wenn man in eine Familie hineingeboren wurde, in der einige Tanten eine Skoliose haben, muß man deshalb nicht zwangsläufig mit einem Leben voller Wirbelsäulenprobleme rechnen. Man sollte nur etwas genauer hinschauen, etwas mehr gegensteuern, ein bißchen mehr Disziplin für Physiotherapie aufbringen. Weil beide Eltern dick sind, muß ich es nicht werden; aber es dürfte dann mehr Energie erfordern, sein Gewicht zu halten als bei anderen (nicht zuletzt der Kochgewohnheiten der Mutter wegen).

Wir haben oben schon erwähnt, daß moderne Untersuchungen uns mehr und mehr Einblick in die frühkindlichen Wahrnehmungsprozesse geben. Wie sehr diese Monate für die ganze weitere Entwicklung der Persönlichkeit prägend sind, wird in einigen spezialisierten Werken allgemeinverständlich dargelegt (z.B. JONAS). Die Wahrnehmung wird nicht bei Geburt „angeschaltet". Viele Kommunikationskanäle bestehen schon weit früher. Das Ungeborene reagiert auf Geräusche, Bewegungen, Gemütszustände der Mutter. Die Verbindung zur Mutter geht über Hormone im Blut, über die Anspannung der mütterlichen Bauchmuskeln und andere Mechanismen. Wir beginnen gerade das zu verstehen. Auch nach der Geburt sind noch lange nicht alle Wahrnehmungsfähigkeiten voll da; sie setzen ja auch oft Erfahrung voraus, etwas, mit dem ein aktueller Eindruck verglichen werden kann. Erst dann macht ein bestimmter Reiz Sinn.

Deshalb dauert es einige Monate, bis die Babies „fremdeln", d.h. Gesichter als nicht zum engeren Umfeld gehörend erkennen. Auch das dreidimensionale Sehen kommt erst im zweiten Lebenshalbjahr zum Tragen: hat das Kleine vorher fröhlich gekräht, wenn es hochgehoben wurde, kommt dann plötzlich ein ängstliches Weinen. Es erkennt die Höhe und fürchtet sich.

Gerade in letzter Zeit werden Forschungsergebnisse publiziert, die darauf hinweisen, wie viel unserer Konstitution während der Schwangerschaft festgelegt wird. Man kann das vielleicht mit einem Computer vergleichen, der erst das richtige Betriebssystem braucht, bevor er mit dem eigentlichen Anwendungsprogramm geladen werden kann. Es konnte gezeigt werden, daß bestimmte Meßwerte bei Geburt wesentlich mehr über die Prognose aussagen als genetische Einflüsse. Geburtsgewicht, Bauchumfang, Ernährung der Mutter in den letzten drei Monaten der Schwangerschaft haben Auswirkungen auf die Gesundheit des Erwachsenen fünfzig Jahre später. Für die Zeit nach der Geburt dürfte ähnliches gelten, aber das ist noch schwieriger statistisch zu erfassen.

Wir begegnen auch bei unseren KISS-Kindern nicht selten Fällen, bei denen wir im Röntgen zum Beispiel Formabweichungen finden. Wenn man dann nachschaut, sind diese auch bei einem der Eltern oder Großeltern zu finden. Bei einer Familie erinnere ich mich, wie wir die Röntgenbilder der Lendenwirbelsäule von Urgroßmutter, Großvater, Mutter und Kind nebeneinandergehängt hatten und – von den Altersunterschieden abgesehen – das gleiche Bild vorfanden. Wer aber dadurch auf die Dominanz der Erbmasse für allfällige Wirbelsäulenbeschwerden schließen will, dem sei entgegengehalten, daß die Urgroßmutter schon recht früh Kreuzschmerzen gehabt hatte, während die Mutter noch gar keine Probleme hatte. Der Großvater fiel etwas aus dem Rahmen, da ihm als Bergmann „Kreuzschmerzen zustanden", so daß man da nicht genau wußte, was nun eigentlich der wichtigste Faktor war.

Gerade bei den heutigen Lebensumständen mit der relativ geringen Forderung und Förderung der Bewegung wird aber eine Behandlung der KISS-bedingten Symmetrieprobleme noch wichtiger sein als früher.

- Anerkennen der genetischen Rahmenbedingungen: ja – aber dann den Spielraum, der uns bei der Behandlung gegeben ist, auch optimal ausnutzen.

- Einen Baufehler an der Wirbelsäule erkennen und akzeptieren: ja – aber alles daransetzen, um seine Auswirklungen so klein wie möglich zu halten.

- Eine Schädigung des Gehirns bei der Geburt ist passiert, wir können sie nicht mehr rückgängig machen – in den entscheidenden Jahren der Entwicklung, die darauf folgen, werden wir um so mehr alles daran setzen, daß die Folgen dieses Ereignisses so klein wie möglich gehalten werden.

- Ein Unfall hat Schäden zur Folge. Neben der chirurgischen Seite kommt gerade bei Babies und Heranwachsenden dann der funktionellen Unterstützung der Rehabilitation große Bedeutung zu.

2.5 Der großköpfige Zweibeiner überfordert die Evolution

Mit den Säugetieren ist es ein bißchen wie mit den Autos: im Laufe der Jahre hat sich enorm viel geändert, aber eigentlich erinnert das meiste noch an die Anfänge. Wenn man die umgebaute Kutsche GOTTLIEB DAIMLERS neben einen modernen Tourenwagen stellt, sieht man sowohl die Unterschiede als auch die gemeinsamen Konstruktionsmerkmale. Beim Vergleich der Baupläne der verschiedenen Tierarten ist es ähnlich: Was beim einen eine Grabschaufel wurde, ist beim anderen ein Huf oder eine Pfote zum Greifen. Manchmal verschwinden ganze Körperteile bis auf winzige Reste, wie Becken und Beine beim Wal; andere Tiere entwickeln aus Teilen der Anatomie ganz Neues, wie den Rüssel des Elefanten oder die Flughäute der Fledermäuse. Die Hauptkonstruktionsmerkmale aber bleiben.

Ein Bauprinzip, das sich sehr weit zurückverfolgen läßt, ist die Verbindung von Geburtsweg und Ausscheidungsorganen. Um zu leben und zu überleben, braucht man Nahrung und Nachkommen. Kein Wunder, daß diese beiden elementaren Funktionen schon ganz früh in der Entwicklung fixiert wurden. Bei unseren stammesgeschichtlichen Vorfahren im Meer war das überhaupt kein Problem: Sie hatten kein Becken, welches als Hindernis in Frage gekommen wäre, und die abgelegten Eier waren so klein, daß man dafür kein besonders geräumiges Ausleitungsorgan bereithalten mußte. Leider Gottes ist aber die Evolution ganz schrecklich konservativ. Wo sie sich einmal festgelegt hat, gibt es kaum einen Neuanfang.

Bei den frühen Wirbeltieren wurde der hintere Rumpfabschnitt durch den Beckengürtel geschlossen. Die Leibesfrucht mußte nun durch das Becken hindurch nach außen geführt werden. Das waren vor den Zeiten der Säugetiere nur die – sehr kleinen

– Eier der Reptilien. Selbst bei unseren heutigen hochgezüchteten Hühnern ist keine Enge bei Durchgang des Eies zu befürchten, wovon sich jeder beim Ausnehmen seines Geflügels überzeugen kann.

Wenn das Becken nur die Aufhängung der hinteren Extremität zu gewährleisten hat, kann man recht einfach konstruieren. Es bleibt Platz genug für den Geburtsweg (vgl. Abb. 2.5). Bei unserer „engeren Verwandschaft" wird's dann schon ein bißchen schwieriger. Die Primaten können sich aufrichten, und das hat mehr und mehr Einfluß auf die Konstuktion des Beckens – es wird enger.

Je mehr sich der ehemalige Vierbeiner von seiner alten Fortbewegungsweise in Richtung aufrechter Gang entfernte, desto schwieriger wurde die Beckenkonstruktion. Das Becken muß auf den Beinen balanciert werden, der Rumpf hängt nicht mehr an der Wirbelsäule, sondern muß vor ihr hergetragen werden.

In einer vergleichsweise sehr kurzen Zeit von wenigen Millionen Jahren wird ein ganz neues Baumuster entworfen, erprobt und immer weiter verbessert. Es gibt auch heute noch einen Beweis dafür, wie „jung" der Entwurf für das Modell Mensch ist: Gerade an den beiden Punkten, die die tiefgreifendsten Veränderungen durchmachten, finden sich die größten individuellen Abweichungen: am Übergang Wirbelsäule – Becken und zwischen der Schädelbasis und dem Hals sind die meisten Formvarianten zu finden.

Man sieht, hier ist die Evolution noch nicht fertig mit der Entwicklung, es wird feste experimentiert – natürlich auf Kosten desjenigen, der eine nicht so gut funktionierende Wirbelsäule abbekommen hat. Und wir wollen der Evolution dabei ins Handwerk pfuschen, um unserem Mitmenschen zu helfen.

Schon allein der Übergang vom Vierbeiner zum Zweibeiner ist eine konstruktive Herausforderung, die jedem Ingenieur schlaflose Nächte bereiten würde. Aber damit nicht genug. Wir wollen ja noch viel mehr. In einer noch kürzeren Zeit als für den Umbau zum Zweibeiner zur Verfügung stand, haben wir uns einen viel größeren Kopf zugelegt, in dem wir ein viel größeres Gehirn unterbringen. Und nun würde der oben nur schlaflose Ingenieur einfach seinen Konstruktionsauftrag zurückgeben: Zum einen soll man auf zwei Beinen gehen, zum anderen auch noch einen großen Kindskopf zur Welt bringen – unmöglich! Er müßte ja zwischen den Aufhängung der beiden Beine hindurchgeführt werden.

Und der Ingenieur hat recht. Eben hat die Evolution das Becken aus der offenen Ringform des Vierbeiners in die flache Schale des Zweibeiners umgebaut. Natürlich ist dabei in der Mitte nicht viel Platz geblieben. Irgendwo muß man ja die ganzen Muskeln festmachen, und schließlich soll der vorher unter der Wirbelsäule aufgehängte Bauchinhalt vom Beckenboden (daher der Name) getragen werden. Wenn man also das Loch in der Mitte zu groß macht, gibt es Probleme mit der Stabilität und dem Bauchinhalt.

Andererseits muß der große Kopf des Kindes durch das Becken hindurchgeschoben werden, da läßt Mutter Natur nicht mit sich handeln. Wie viel einfacher wäre es, wenn wir durch den Nabel geboren werden könnten... Nun, es ist müßig, darüber nachzudenken, der Weg ist vorgegeben. Also muß eine andere Lösung her.

Jetzt erinnert sich der Ingenieur eines anderen Modells, das er vor langer Zeit einmal entworfen hatte. Damals war die Produktion und die Ausentwicklung räumlich getrennt worden. „Beuteltiere" wurde diese Modellreihe genannt (wir kennen sie als

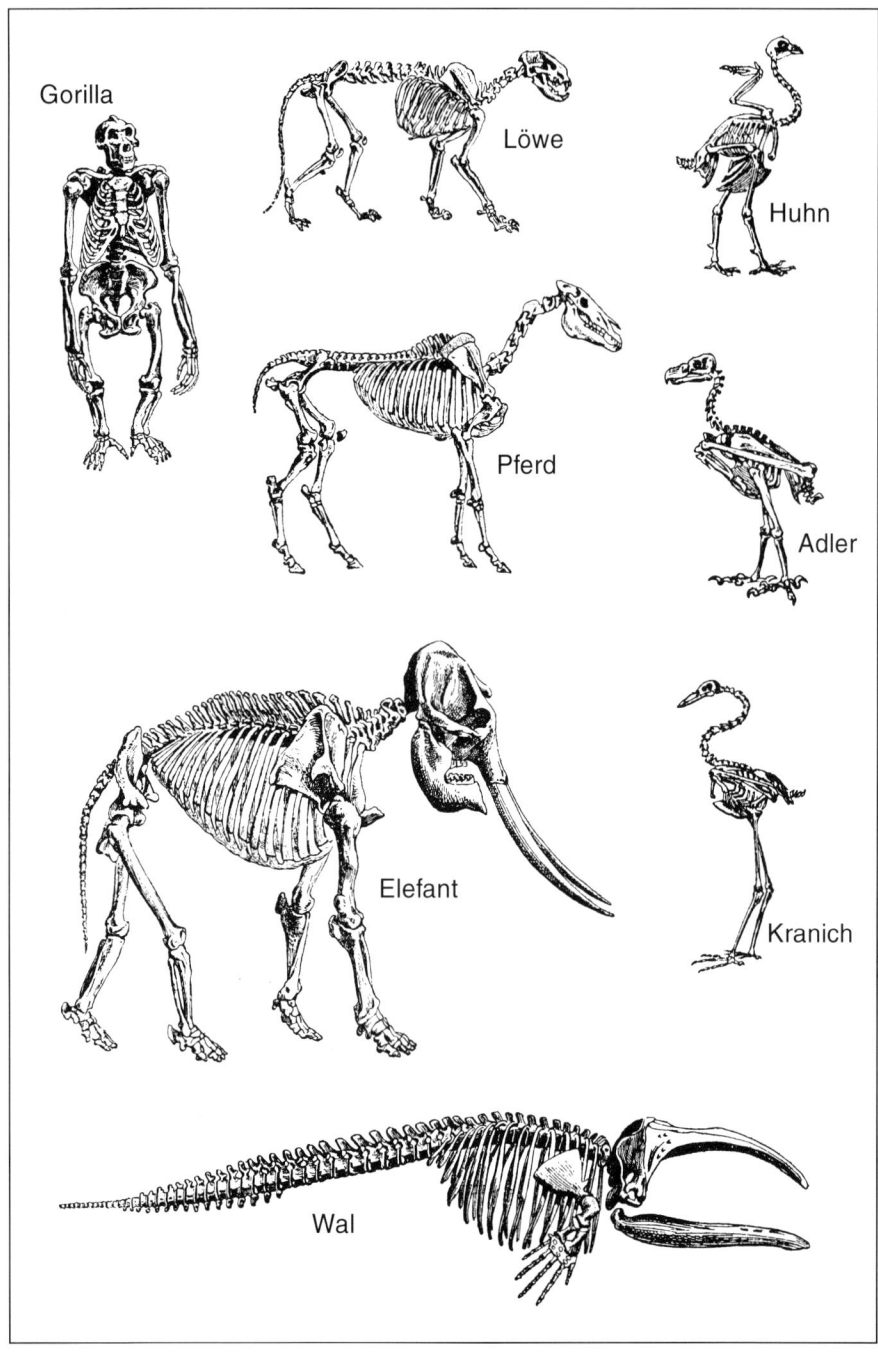

Abb. 2.5 Beispiele verschiedener Beckenformen. Dieser Stich aus einer alten Ausgabe des französischen Larousse zeigt die verschiedenen Beckenformen und um wieviel „offener" der Beckenausgang beim Vierbeiner ist.

Känguruh und Koalabär); sie kamen als winzig kleine und unreife Wesen auf die Welt, krabbelten dann in den Beutel und wuchsen an der Brustwarze förmlich fest, um erst hier ihre volle Größe zu erreichen. So könnte man es ja wieder machen!? Aber das System hatte auch Nachteile: auf dem Weg zum Beutel erreichten viele ihr Ziel nicht. Das war auch der Grund, warum sich dieses System nur in einem isolierten Teil der Welt gehalten hatte. Und die Evolution bedient sich nicht zweimal genau derselben Lösung.

2.6 Die Geburt, ein „gewaltiger" Vorgang

Eines ist unbestritten: Der Geburtsweg ist die „gefährlichste Passage in unserem ganzen Leben". Dieses Zitat wird mehreren Autoren zugeschrieben, die meisten von ihnen Geburtshelfer. Wenn man bei Entbindungen als etwas abseits Stehender dabei war (für Frau und Vater ist das Ganze viel zu nahe an der Seele, um es objektiv zu sehen), fällt einem immer wieder auf, daß nach der Entbindung die Hauptperson, das Neugeborene, als Einziges schreit und unglücklich ist. Es hat den schwersten Weg hinter sich.

Das Neugeborene hat seinen – im Vergleich zur anderen Säugetierverwandschaft – viel zu großen Kopf durch einen viel zu krummen Geburtskanal schieben müssen. Es mußte dabei nicht einfach geradeaus gedrückt werden, sondern den Kopf zur Seite drehen *und* nach vorn neigen. Man probiere diese Haltung einmal aus und vergegenwärtige sich dann, daß das Baby dabei noch alle paar Minuten mit einer Preßwehe konfrontiert ist! Nachdem der Kopf unten im kleinen Becken angekommen ist, muß der Druck von hinten so groß werden, daß der Widerstand des Beckenbodens überwunden werden kann und der Kopf austritt.

Bis zu diesem Moment haben Hals und Kopf mindestens eine kleine Halbestunde, meist etliche Stunden durchhalten müssen. Durchhalten nicht in einer entspannten oder wenigstens neutralen Haltung – nein, in der oben beschriebenen extremen Position. Dann plötzlich wird der Kopf von der Hebamme genommen und daran gezogen, je nach Widerstand der Schulterpartie beim Durchtritt durch den Beckenboden mehr oder weniger stark (Abb. 2.6).

Von maximalem Druck auf maximalen Zug – man kann sich keine größere Materialbelastung vorstellen. Zudem war die vorherige Druckphase in jedem Falle mit einer Verringerung der Sauerstoff-Versorgung verbunden, sei es, weil durch die gedrehte und gebeugte Haltung die Gefäße im Hals-Nackenbereich nicht weit geöffnet waren, sei es, weil die Plazenta in der Phase der Preßwehen ohnehin nicht mehr so viel Sauerstoff aufnehmen kann wie in ruhigeren Zeiten.

Das alles bezieht sich auf eine „normale Geburt". Trotz aller Fortschritte der Diagnostik vor Geburt kommt es aber immer wieder zu langen Austreibungsphasen, verzögerten Verläufen und Not-Kaiserschnitten, weil es nicht weiterging. Bei knapp 10 % aller Geburten werden Saugglocke, Zange oder andere Extraktionhilfen verwendet, die alle am Kopf ansetzen und den Hals entsprechend belasten. Die Geburt ist wirklich ein „gewaltiger" Vorgang.

Hinzu kommt, daß das, was von den Eltern als „normale Geburt" beschrieben wurde, vom Standpunkt des Kindes noch lange nicht „normal" zu sein braucht. Seit-

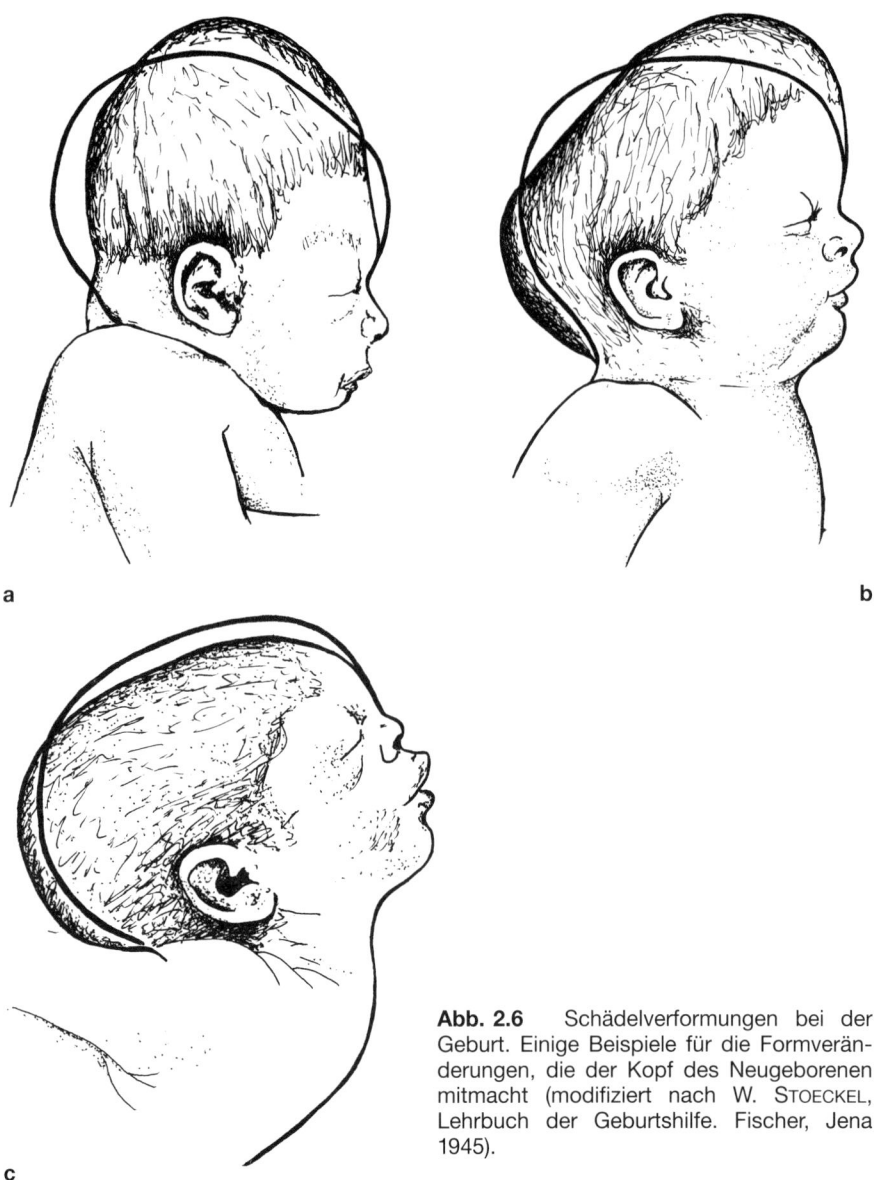

a

b

c

Abb. 2.6   Schädelverformungen bei der Geburt. Einige Beispiele für die Formverän-derungen, die der Kopf des Neugeborenen mitmacht (modifiziert nach W. STOECKEL, Lehrbuch der Geburtshilfe. Fischer, Jena 1945).

dem ich immer mal wieder eine eben verheilte Schlüsselbeinfraktur auf unseren Röntgenbildern als Zufallsbefund gesehen habe, nehme ich die Aussage der Eltern hierzu immer mit einer Prise Salz…

Das ist mit ein Grund dafür, daß ich bei allem Hang zu minimalistischer und we-nig eingreifender Medizin im Zweifelsfall lieber einen Kaiserschnitt zuviel als einen zu wenig machen würde. Wir, die wir mit den Folgen der gewaltigen natürlichen Ge-burten zu tun haben, sind da eben ein bißchen skeptisch.

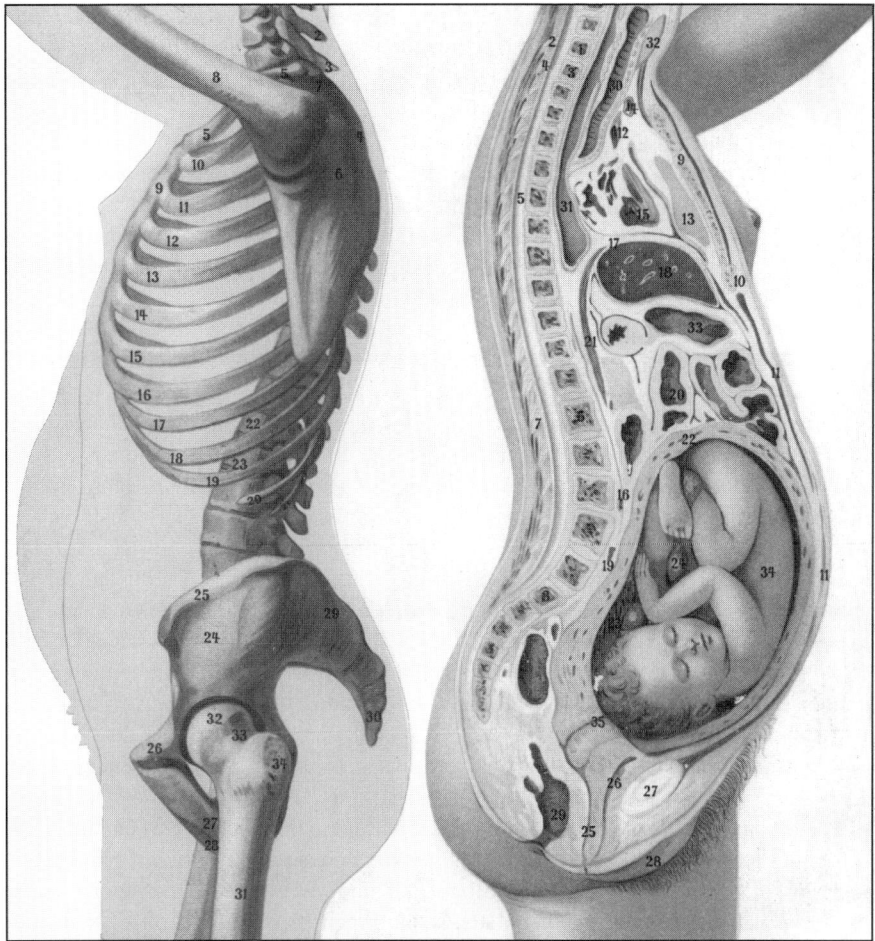

Abb. 2.7   Der Geburtskanal. Eine Abbildung aus einem Hausbuch der Gesundheit von 1897 zeigt den Geburtsweg des Kindes. Am unrealistischsten dürfte der gelassene Gesichtsausdruck sein, den der Zeichner dem Baby mitgegeben hat...

Wenn man sich diese komplizierten Verhältnisse vergegenwärtigt, nimmt es nicht Wunder, daß hier eine der wenigen Situationen vorliegt, bei denen wir nicht mehr mit Reservekapazitäten von einigen Dutzend Prozent rechnen können. Alles ist ganz knapp bemessen. Der Kopf paßt eben gerade mal so durch, kein Zentimeter wird da verschenkt. Im folgenden Abschnitt soll uns die Frage beschäftigen, wie dieser Widerspruch zu lösen versucht wurde (Abb. 2.7).

2.7 Jeder Mensch ist eine Frühgeburt

Aber kehren wir zu unserem verzweifelten Ingenieur zurück, der die beiden völlig widersprüchlichen Ziele: zweibeiniger Gang – großer Kindsschädel unter einen Hut bringen muß. Er hat sich also der Beuteltiere erinnert und darüber nachgedacht, wie der damalige Lösungsansatz auch heute noch verwendet werden kann. Und er denkt sich: so unreif wie ein Beuteltier will ich dieses Mal nicht gebären lassen. Man sollte möglichst lange warten mit dem Zur-Welt-Kommen. Und den Rest muß man dann eben außerhalb des Mutterleibes fertigmachen.

Daraus ergibt sich die Tatsache, daß das Neugeborene streng genommen eine Frühgeburt ist. Das zeigt sich schon, wenn man seine neurologischen Leistungen mit denen anderer Säugetiere oder Primaten vergleicht. Bei der Geburt sind die meisten Affenbabies dem neugeborenen Menschen überlegen. Bis nach dem zweiten Geburtstag liegen Schimpanse und Menschenkind gleichauf, erst danach saust das Menschenbaby dem Affen in der Entwicklung davon. Legt man gleiche Maßstäbe an, müßten wir Menschen nach einer Schwangerschaft von 21 Monaten geboren werden.

Der Mensch ist eines der wenigen Lebewesen, dessen Gehirn erst Monate nach der Geburt „fertig" ist. Man nimmt hierfür die Zeit um den ersten Geburtstag an, eine Entwicklungsphase, die uns noch mehrmals begegnen wird. Bis dahin ist das Gehirn unreif, noch kaum brauchbar. Man denke nur daran, wie ein kleines Fohlen schon nach wenigen Momenten auf seinen Füßen stehen kann und der Herde folgt! Ein neugeborenes Menschenkind kann noch nicht einmal seinen Kopf halten, geschweige denn eine sinnvolle Bewegung mit den Armen oder Beinen machen. Atmen, saugen, schlucken ist das Programm.

Ganz im Gegensatz dazu ist es aber schon zu erstaunlichen Wahrnehmungsleistungen in der Lage. Es kann die Stimme seiner Mutter und deren Geruch erkennen und auch andere Geräusche und Eindrücke speichern. Es erinnert sich an Töne, die es schon im Mutterleib hörte, und reagiert entsprechend anders. Spezialisierte Forscher haben eine ganze Kette von Tests entwickelt, um diese Fähigkeiten der Neugeborenen zu untersuchen. Sie sind um so unerwarteter, als das Neugeborene hinsichtlich seiner motorischen Fähigkeiten – und damit auch seines Ausdrucksvermögens – noch zu so wenig imstande ist. Es nimmt auf und verarbeitet; erst Monate später kommt dann eine von außen erkennbare Reaktion auf diese Umweltreize. Neugeborene sind zu Anfang Wahrnehmungswesen, keine Bewegungswesen. Auch deshalb sind die in dieser Lebensphase gemachten Erfahrungen so unendlich wichtig für das ganze Leben. Jetzt wird der Grundstein gelegt für die Art, wie die Umwelt erfahren wird; man spricht vom *Ur-Vertrauen*, das in diesen Wochen geprägt wird – oder auch nicht.

Die Auslagerung der Hirnentwicklung in die Zeit nach der Geburt birgt Chance und Gefahren: in einer Wachstumsphase, die eigentlich noch im Uterus stattfindet, ist der kindliche Organismus schon voll mit der Umwelt in Kommunikation. Das führt dazu, daß Stimulation und Störung viel mehr durchschlagen können, als dies bei einer Entwicklung im Uterus der Fall gewesen wäre. Aber der Feinausbau des Gehirns kann sich so optimal den Gegebenheiten anpassen und von außen viel gezielter stimuliert werden.

Zum anderen muß er sich aber hinsichtlich des Größenwachstums keine Zurückhaltung mehr auferlegen. Um dieses schnelle Wachstum zu ermöglichen, sind die Verbindungen der einzelnen Schädelknochen noch ganz weich und formbar. Erst nach Abschluß des Hirnwachstums schließen sie sich zum Schutz des Schädelinhaltes, dieser wächst dann nur noch viel langsamer. Die Nähte zwischen den einzelnen Schädelknochen bleiben das ganze Leben lang offen und erlauben dadurch eine – wenn auch minimale – Beweglichkeit gegeneinander.

Diese Unfertigkeit gibt uns Behandlern die Chance, in diesem frühen Lebensabschnitt viel zu korrigieren, was nachher nicht mehr zu ändern ist. Der richtige (und meist frühe) Zeitpunkt ist entscheidend.

2.8 Ein schreiendes Kind hat immer recht

Wenn Kleinkinder weinen und die Eltern die Ursache nicht finden können, ist das für sie eine schreckliche Erfahrung. Man steht neben dem Bettchen oder hat den kleinen Menschen im Arm und kann nicht helfen. Irgendwann wird man das Baby ins Bett zurücklegen; aber man hat ein schlechtes Gewissen.

Das schreiende Baby hat immer recht. Ein Kleinkind verfügt noch nicht über das Repertoire eines Dreijährigen, der durchaus weiß, wie er sein Weinen oder Schreien zum Erreichen seiner Ziele einsetzen kann. Das weiß ein Neugeborenes mit drei Monaten nicht. Es hat immer einen Grund, aber nicht immer sind Eltern, Betreuer und Arzt schlau genug, um diesen Grund zu erkennen oder gar ihm abhelfen zu können.

Eine der schönsten Erfahrungen der an sich schon erfreulichen Behandlung kleiner Kinder ist, hier oft erfolgreich eingreifen zu können. Kollegen, mit denen wir zusammenarbeiten, kennen die Rahmenbedingungen, bei denen eine manuelle Behandlung besonders erfolgversprechend ist.

Ein typischer Fall war Manuel:
Beispiel 7: Er kam vor Jahren als ganz kleiner Mensch zur Behandlung. Gerade zwei Monate alt, und „übergeben" von einem Kollegen, der meine Abneigung gegen eine derart frühe Behandlung kannte.

„Bitte gehen Sie doch dem Kleinen an den Hals", hatte er mich am Tag vor der Erstvorstellung telefonisch gebeten, „Manuel schreit Tag und Nacht, die Eltern sind verzweifelt, und ich habe absolut nichts gefunden, was dem Jungen fehlt. Bei den von uns behandelten etwas älteren Kindern habe ich so oft gesehen, daß die Schreierei unmittelbar nach Ihrer Therapie aufhörte. Warum soll das hier nicht auch klappen?"

Der Junge hatte ein Geburtsgewicht von gerade 2.000 g und in der Zwischenzeit nicht viel dazubekommen. Ich war entsprechend zurückhaltend und sagte auch den Eltern, daß ich für den Behandlungserfolg eher skeptisch wäre.

Nun, er wäre hier wohl kaum erwähnt worden, wenn es nicht geklappt hätte. Noch am gleichen Tag beruhigte er sich und wachte nachts nur einmal auf. Entsprechend leichter ging auch das Füttern und die Gewichtszunahme. Nicht nur die Eltern atmeten auf.

Seit diesem Fall vor etlichen Jahren sind „Schreikinder " für mich eine der wichtigsten Indikationen, auch ganz kleine Babies zu therapieren. Voraussetzung ist, daß der Kinderarzt die anderen Ursachen bestmöglich ausgeschlossen hat und daß man sich im klaren ist, daß es sich um einen Test handelt. Wenn's klappt, prima. Wenn's nicht klappt, muß man weitersuchen.

Einen Großteil der berüchtigten „Dreimonatskoliken" kann man auf diese Weise ohne viel Aufhebens aus der Welt schaffen. Dieser Name ist nicht zuletzt Ausdruck einer gewissen Hilflosigkeit gegenüber diesem Phänomen gewesen. Man sagte den betroffenen Familien mehr oder weniger „Ihr müßt ein paar Wochen abwarten, dann geht's besser". Das beruhigt zwar, aber wenn man neben so einem weinenden kleinen Menschen steht, geht das trotzdem ans Gemüt, daß man nicht mehr helfen kann.

Diese Dreimonatskoliken sind eigentlich ein Zeichen für den Umbruch, der in diesem Moment in der Entwicklung stattfindet. Auch z.B. die Kopfkontrolle, d.h. die Fähigkeit, den Kopf gerichtet zu bewegen, setzt zu dieser Zeit ein. Man kann es vielleicht am besten mit den Pickeln in der Pubertät vergleichen. So wie an der Schwelle zum Erwachsensein der gesamte Hormonhaushalt neu geordnet wird (und dadurch nicht selten gehörig ins Schlingern kommt), so wird um den dritten Monat herum die „Software" des Babies neu gegliedert.

Was berichten nun die Eltern bei diesen Kindern in dieser Phase?

- Die Kinder wollen nicht ins Bett. Nicht selten muß man sie auf dem Arm einschlafen lassen, bevor man sie hinlegen kann.

- Die Babies schlafen unruhig, man findet sie in allen möglichen Ecken des Bettchens, meist aber immer wieder in derselben Haltung.

- Sie wachen nachts auf, stöhnen oder schreien dabei auf, schlafen aber nicht selten gleich weiter. Manche muß man kurz auf den Arm nehmen.

Man sieht dieser kleinen Liste gleich an, daß sie natürlich ziemlich allgemein ist. Derartige Symptome können viele Ursachen haben. Erst die Kombination mit anderen Merkmalen – vor allem der asymmetrischen Haltung – lenkt die Aufmerksamkeit auf die KISS-Symptomatik.

Hier finden sich auch Details, die uns bei älteren Kindern immer wieder begegnen werden. Gerade an Schnittstellen der Entwicklung kommen Probleme zum Vorschein, die in ruhigeren Zeiten verschwunden schienen. Diese Schnittstellen sind zum Beispiel auch Wachstumsschübe, später dann auch die Pubertät und danach eine Veränderung der Lebensumstände, z.B. Berufswechsel oder ähnliches.

2.9 Der krumme Rücken weist auf das Problem

Was wir im Laufe von 15 Jahren bei Kleinkindern gefunden haben, war nicht vom Himmel gefallen. Man hatte sich sozusagen „entlang der Probleme" immer weiter nach vorn beim Behandlungsalter gearbeitet. Was verursacht die Probleme bei Schulkindern? – gibt es eine Prägung, die bei Erwachsenen Kopfschmerzen, Haltungsprobleme, Schwindel fördert? – Wann beginnen die Vorzeichen späterer Skoliosen, eines Rundrückens, einer „schlappen Haltung"?

Diese Überlegungen führten dazu, schon bei Kleinkindern nach den ersten Zeichen einer Fehlfunktion zu suchen. Am besten kann man das vielleicht mit einigen konkreten Beispielen erläutern:

Beispiel 8: F. kam erstmals als junger Mann von 22 Jahren in meine Behandlung. Im Vordergrund standen Kreuzschmerzen und Verspannungen im Brustkorb. Das Ganze schien damit zusammenzuhängen, daß er relativ wenig Bewegung hatte und im Studium auf sein Zwischenexamen lernen mußte.

Bei jungen Leuten frage ich immer auch nach der Vorgeschichte im Kleinkind- und Schulalter. Stück für Stück kamen zusätzliche Informationen zutage: Er habe als Baby turnen müssen, er könne sich daran erinnern, daß ihm seine Mutter das erzählt habe. Auch später sei er „wegen schlechter Haltung" zur Gymnastik gegangen, aber nicht sehr lange, weil ihm das keinen Spaß gemacht habe, und die Mutter nicht die Zeit hatte.

Sport habe er nie gerne gemacht; als er beim ersten Mal vor mir saß, konnte ich das Ergebnis sehen: er war stark übergewichtig und in seinen ganzen Bewegungen unbeholfen.

Bei der Untersuchung fiel dann eine Einschränkung der Hüftbeweglichkeit auf, die mit den Schmerzen im Rücken zusammenzuhängen schien. Die Untersuchung zeigte schließlich, daß er starke Verspannungen an der Halswirbelsäule und im Kreuz hatte, und außerdem ein verformtes Hüftgelenk.

Schließlich bat ich ihn, mir beim nächsten Mal ein paar Babybilder mitzubringen. Da die linke Hüfte schlechter war, habe ich eine linkskonvexe Haltung erwartet. Das bestätigte sich auch.

Man kann es sich nicht so einfach machen zu sagen, dieser junge Mann hätte als Baby behandelt werden sollen, und dann wäre er heute beschwerdefrei. Sicher ist aber, daß man damals viel mehr hätte helfen können, als das heute der Fall ist. Das linke Hüftgelenk ist bleibend verformt, seine Halswirbelsäule – weniger auffällig, aber um so wichtiger – ebenfalls einer langjährigen einseitigen Belastung angepaßt. Beides zusammen hatte im Lauf der Zeit dazu geführt, daß er beim Sport nicht so gut mitkam, deshalb daran das Interesse verlor.

Wieviel seines jetzigen Gewichts „Veranlagung" ist und wieviel durch seine motorischen und Wahrnehmungsstörungen bedingt ist, wird man nicht genau sagen können. Die Veranlagung muß man aber hinnehmen, das ist nicht zu ändern. An den Funktionsstörungen kann man mit der Behandlung ansetzen, hier ist etwas zu ändern.

Dieser junge Mann ist nur einer von hunderten. Man erkennt diese Zusammenhänge nur, wenn man danach sucht; sonst ist er eben ein dicker gestreßter Student mit zuwenig Bewegung. Dann greift aber meist die Behandlung auch zu kurz. Er bekommt vielleicht ein bißchen Massage, etwas Krankengymnastik. Um die Funktionsstörungen kann man sich aber nur gezielt kümmern, wenn man sie erkannt hat.

Dann kann man durch die gezielte Behandlung der Wirbelsäulen-Funktionsstörungen die Grundlage für eine erfolgreiche Physiotherapie legen.

Beispiel 9: Peter war sechs, als er zum ersten Mal zu uns kam. Er war bei der Schulärztin aufgefallen, die ihn wegen seiner „schlechten Haltung" zum Orthopäden geschickt hatte. Dort war der Mutter gesagt worden, daß mit dem Jungen alles in Ordnung sei, man müsse ihn eben dazu anhalten, aufrecht zu sitzen. Die war damit nicht zufrieden und brachte ihn mit zu uns, als sie mit ihrer Tochter (KISS-Baby) einen Termin hatte.

Bei der Untersuchung fiel gleich zu Anfang auf, daß er auf dem linken Fuß ganz ordentlich stehen konnte, auf dem rechten Bein aber wilde Verrenkungen machte, um auch nur kurz darauf zu balancieren. Diese Unsicherheit im Einbeinstand ist meist eines der besten Hinweise dafür, daß Koordinationsprobleme vorliegen, die mit der Halswirbelsäule zusammenhängen können.

Bei genauerer Untersuchung fiel dann auch auf, daß seine Beinhaltung asymmetrisch war: auf der linken Seite zeigte der Fuß geradeaus, rechts stand er um ca. $30°$ nach innnen. Das ist fast immer ein Anhalt für eine Verspannung im Übergang Wirbelsäule/Beckenring[3]. Die Brustwirbelsäule war zu wenig beweglich und die Haltung „schlapp". Der Hals war auf der linken Seite druckschmerzhaft bei Untersuchen und im oberen Anteil fest.

Die Mutter hatte das Fotoalbum dabei und gab es mir mit den Worten: „Da sieht man aber nichts" – Das hören wir oft in dieser Situation. Als wir es dann gemeinsam durchschauten, gab sie mir recht: man sah über Jahre hinweg immer wieder dieselbe Haltung auf den Bildern. Peter stand immer mit der linken Schulter etwas nach vorn und schräg zur Kamera. Die rechte Schulter hing dabei weiter herunter, der Kopf war gedreht.

Von der Babyzeit waren keine Bilder dabei. Auch berichtete die Mutter nichts über Auffälligkeiten aus dieser Periode, und im Vorsorgeheft fanden sich keine Einträge.

Auf dem Röntgenbild fand sich eine starke Asymmetrie, die so nur entstanden sein konnte, bevor die Wirbel im Wesentlichen verknöchert waren, d.h. wahrscheinlich vor dem Laufenlernen. Auf der Basis des Röntgenbildes und der Untersuchung wurde Peter dann im Kreuz und am Hals manipuliert.

Bei der Kontrolle berichtete die Mutter, daß der Junge „schlagartig gewachsen ist". Er sei plötzlich 7 cm größer geworden. Bei einem Familientreffen sei sie von Verwandten darauf angesprochen worden, was denn mit dem Jungen sei, er wäre so anders, viel offener.

Die Kontrolle zeigte, daß er jetzt im Kreuz und am Hals gut beweglich und nicht mehr empfindlich war. Die unterschiedliche Stellung der Beine war verschwunden, er konnte fast gleichgut auf beiden Beinen balancieren.

Am fassungslosesten war die Mutter aber, weil ihr Sprößling plötzlich Sport machen wollte. „Davor hat er sich bisher immer gedrückt", meinte sie dazu nur, „ich bin der Schulärztin so dankbar, daß sie den Stein ins Rollen gebracht hat!". – Dem kann man nur zustimmen.

---

[3] Iliosacralgelenks-Blockierung.

Beispiel 10: Imke war etwas über ein Jahr, als sie zu uns kam. Im Arztbrief wird berichtet:

„Es besteht eine Koordinationsstörung mit Asymmetrie, bei der es auch zu einer asymmetrischen Verformung des Schädels gekommen ist." Daraufhin wurde Krankengymnastik verordnet. Der Mutter war aufgefallen, daß Imke „sich nicht wie andere Kinder ihres Alters bewegt". Beim Anziehen habe sie regelmäßig Schwierigkeiten mit einem Arm, außerdem schlafe Imke schlecht, schreie nachts auf und weine dann.

Für uns war das ein ganz klassischer Fall, der in Übereinstimmung mit dem Röntgenbefund und der Untersuchung einmal behandelt wurde. Über den Erfolg berichteten die Eltern dann:

„Unser Kind war bereits am selben Tag ganz anders. Es wirkte schon im Schlaf nach der Behandlung viel entspannter. In der Bauchlage hat es schon am selben Tag den Kopf hochgehalten und die Arme dabei ausgestreckt und die Brust hochgedrückt. Wir und auch die Angestellten in der Kinderkrippe sind davon überzeugt, daß Imke nach der Behandlung wie ausgetauscht ist. … Imke ist nach dem Besuch bei Ihnen auch ein ganzes Stück gewachsen (2 Kleidergrößen in ca. 5 Wochen)".

2.10 Am Anfang der Erkenntnis stand das Drama

Wie immer in der Medizin standen zu Beginn die dramatischsten Verläufe Pate beim Vorarbeiten in ein neues Gebiet. Daß das die Regel ist, kann man ganz schön an den medizinischen Lexika sehen, allen voran dem berühmten PSCHYREMBEL. Ein Kropf ist da nicht ein kleiner Knubbel am Hals, sondern ein riesiges Gewächs unter dem Kinn, das den Kopf nach hinten drückt. Als Skoliose-Beispiel wird dann jemand gezeigt, dessen Wirbelsäule so krumm ist, daß die Schulter an der einen Seite fast auf dem Becken zu liegen kommt, usw.

Man hat als Arzt immer wieder damit zu tun, wenn Patienten bei einer Diagnose zu Hause im „Lexikon der Gesundheit" nachschlagen und dann natürlich mit angstgeweiteten Augen zur Besprechung kommen. Aber es sind eben die Extremfälle, die man am schnellsten wahrnimmt.

So war es auch bei den KISS-Kindern: Als erstes waren die Ärzte mit schweren und schwersten Verläufen konfrontiert, oft Kinder, die erst sehr spät zur ersten Untersuchung kamen. Das waren keine Babies, die etwas asymmetrisch waren, sondern Kinder, deren Halsmuskeln an einer Seite maximal verkürzt und fixiert waren. Nicht selten war die Haltung so fixiert, daß sich in den Hautfalten Rötungen und Entzündungen gebildet hatten.

Die oben erwähnten eher undramatischen Fälle fischt man erst heraus, wenn man für die Probleme sensibilisiert ist und gezielt danach sucht. Am Anfang fallen die Schädelasymmetrien auf, bei denen der Kopf ganz verzogen ist. Bei geringerer Asymmetrie hören die Eltern nicht selten: „Das wird sich verwachsen".

Wir hatten uns immer wieder gefragt, wie man sich die zum Teil dramatischen Stellungsvarianten der Halswirbel zueinander und zur Schädelbasis überhaupt erklären konnte, die wir bei Erwachsenen fanden. Oft kamen Patienten nach Unfällen, so daß man vermuten konnte, daß eine äußere Gewalteinwirkung die Wirbel akut aus

der Mitte geschoben habe. Dagegen sprach aber, daß die einzelnen Gelenke wie
Teile eines Puzzles ineinanderpassen und nicht ohne weiteres vorstellbar ist, daß
solch ausgeprägte Verschiebungen überhaupt möglich sind.

Noch in den siebziger Jahren war deshalb oft eingewandt worden, daß unsere Befunde durch methodische Fehler bei der Aufnahme überhaupt erst verursacht worden
waren. Diese Argumente konnten durch die genaue Analyse der Röntgenbilder ent-
kräftet werden. Übrig blieb aber die Frage, wie man sich dann die immer wieder zu
findenden starken Asymmetrien erklären sollte.

Da lag es nahe, bei immer jüngeren Kindern nachzusehen. Die Wirbel verknö-
chern wie alle Knochen erst im Laufe der Jugend, und nach der Geburt bestehen sie
zum großen Teil aus Knorpel, sind also sehr formbar. Wenn man annahm, daß die
bei Erwachsenen und Jugendlichen beobachteten starken Verschiebungen schon in
diesem frühen Alter entstanden waren, wäre manches verständlich. Beim Kleinkind
ist alles so weich und anpassungsfähig, daß sich die knorpeligen Strukturen dann einer Fehlstellung anpassen und so vor der Verknöcherung schon die Asymmetrie festlegen.

Aber warum fällt das nicht auf, fragten wir uns. Das muß doch schon bei den
Kleinkindern Probleme machen. Nach langer Suchen stießen wir auf die Antwort:
die Störungen der (Hals-)Wirbelsäulenfunktion melden sich nicht selbst und lokal,
sondern weitab und mit einer Fülle wechselnder Symptome.

2.11 Das Symptom-Chamäleon

Das Leben wäre für Ärzte und natürlich auch die Patienten viel einfacher, wenn ein
Problem immer dieselben Symptome hätte. Eine frische Wunde tut uns ja oft den
Gefallen: Sie schmerzt sofort und genau da, wo etwas passiert ist. Auch und gerade
bei Funktionsstörungen der Wirbelsäule gilt aber, daß diese eben nicht dort ärgern
müssen, wo das Hauptproblem liegt, sondern meist weit davon entfernt sich bemerk-
bar machen.

Schon 1964 schrieben LEWIT und JANDA, zwei Pioniere unseres Gewerbes:

> *„Es ist beachtenswert, daß bei Kindern, bei denen ja direkte Beschwer-
> den von Seiten der Wirbelsäule viel seltener sind als bei Erwachsenen,
> die Erfolge der Vertebraltherapie besser sind als bei Erwachsenen. Es
> mag dies so zu erklären sein, daß bei Kindern die große Kompensations-
> fähigkeit der Wirbelsäule zwar Schmerzen im Bereich der Wirbelsäule
> vorbeugt, die vegetative Labilität der Kinder jedoch indirekt vertebragen
> mitbedingte vegetativ-vasomotorische Erscheinungen hervorruft.“*[4]

Wenn man das ins Deutsche „übersetzt" steht da: Kinder klagen nicht über Rük-
kenschmerzen oder Verspannungen im Nacken. Dafür hat Mutter Natur in diesem

---

[4] Vegetativ-vasomotorische Labilität: die Steuerung von Grundvorgängen wie Blutdruck, Verdau-
ung und Muskelanspannung ist noch nicht sicher und „eingefahren". Dadurch kommt es zum
Beispiel zu Kopfschmerzen, Schwindel, Konzentrationsstörungen, Aufgeregtheit etc.

Alter zu gut vorgesorgt. Dafür kommt es zu Problemen, bei denen die Verbindung mit der Wirbelsäule und dem Rücken nicht gleich zu durchschauen ist, die aber um so erfolgreicher von der Wirbelsäule her behandelt werden können.

Dieses Zitat ist mir so wichtig, daß ich es trotz seines fachmedizinischen Vokabulars hier bringe. Zum einen zeigt es, daß schon vor dreißig Jahren viel bei Schulkindern untersucht und bewegt wurde, zum anderen weist es eben auf die Vielfältigkeit der Beschwerden hin. Bei Kindern tut uns die schlecht funktionierende Wirbelsäule nicht den Gefallen, selber weh zu tun. Wir müssen um diese Möglichkeiten wissen, um danach zu fahnden.

Man findet diese Zusammenhänge dann, wenn man hinter den täglich behandelten „Banalitäten" die Systematik sucht. Dazu – es war schon im Vorwort erwähnt – muß man viele ähnliche Fälle gesehen haben, bis einem ein Licht aufgeht. Manche Kollegen sagen nun, daß es doch für die Betroffenen gar keinen Sinn habe, sich die Mühe des Nachforschens zu machen. Man solle ganz pragmatisch die aktuellen Beschwerden behandeln und fertig.

Dem kann man zwei Argumente entgegenhalten:

- Zum einen wird eine Therapie, die die Ursachen nicht genau untersucht, in den meisten Fällen weniger effektiv sein.

- Zum anderen können wir so nichts für die Vorbeuge ähnlicher Beschwerden lernen.

Gerade dieses letztere Argument wiegt schwer. Oft kommen Patienten erst dann, wenn sie Beschwerden als lästig oder gefährlich empfinden, zum Arzt. Gerade bei Beschwerden des Bewegungsapparates und besonders der Wirbelsäule liegen dann oft schon Veränderungen vor, die man nicht mehr rückgängig machen kann. Hat man schon vorher eine Chance einzugreifen, geht es oft viel einfacher und ohne bleibende Veränderungen.

Aber auch für den einzelnen Patienten ist es wichtig, die Kette – oder besser das Netz – der verschiedenen Ursachen seiner Beschwerden bestmöglich offenzulegen. Dabei muß man dann auch bewerten, was wichtig und was gut behandelbar ist. Das muß nicht immer übereinstimmen: Bei Kindern mit spastischen Lähmungen zum Beispiel ist sicher der Hirnschaden das wichtigste, aber man kann es eben nicht behandeln. Therapierbar sind Haltungsprobleme und Fehlsteuerungen, so daß man hier ansetzt, wohl wissend, daß es nicht die Ursache, wohl aber ein verstärkender Faktor des Problems ist.

2.12 Die Entdeckung der Langsamkeit

Es gehört zur Grundausstattung jeder kritischen Betrachtung, über den Mangel an Muße und die Hektik unserer „modernen Zeiten" zu klagen, das läßt sich bis in die Antike und andere Kulturen verfolgen. Bei jedem Geschäft, das lebendes Material zum Gegenstand hat, kommt man aber nicht umhin, diese Rahmenbedingungen zu respektieren. Das gilt für den Bauern, der nur in denselben Grenzen auf seine Pflanzen und Tiere ungestraft Einfluß nehmen kann wie wir, die wir es mit Heranwachsenden zu tun haben. In der Zeit des „schnell-schnell"[5] ist es fast schon ketzerisch, dem Bedachtsamen das Wort zu reden, Wachstumshormone für Kühe (und Menschen!) sind doch viel zeitgemäßer.

Genauso, wie ein im siebten Schwangerschaftsmonat Geborenes nicht besonders schnell, sondern eben zu zeitig das Licht der Welt erblickt, gibt es für die Entwicklungsstufen nach der Geburt feste Regeln. Ein Baby braucht ungefähr ein halbes Jahr, bis es sich drehen kann, ungefähr die doppelte Zeit, um stehen zu können. Das geht dann weiter so bis zum Abschluß des Wachstums. Wie bei allem Lebenden sind das keine starren Schemata, und zwischen Mädchen und Jungen bestehen deutliche Unterschiede (die Jungs sind meist später dran). Nicht jedes Kind, was schon mit sieben Monaten läuft, ist „unnormal", nicht jedes, was erst mit sechzehn Monaten so weit ist, muß deshalb krank sein. Aber solch starken Abweichungen vom Durchschnitt sollte man nachgehen, sie auf ihre Ursache hin überprüfen.

Es gibt für (fast) alle Entwicklungsschritte ein optimales Zeitfenster. Das ist manchmal recht klein (drehen lernen zwischen dem 6. und 8. Monat), nicht selten ziemlich groß („sauber" werden zwischen dem 20. und 40. Monat). Man kann es nie auf einen Tag genau festlegen, ab wann etwas nicht mehr normal ist; immer sollte man mehrere Dinge in der Zusammenschau bewerten, nie nur einen Aspekt isoliert herausgreifen. Es gibt Kinder, die sprechen mit zwei Jahren schon in kleinen Sätzen. Andere brauchen fast die doppelte Zeit.

Es gehört zur ärztlichen Kunst, den richtigen Zeitpunkt für eine Behandlung zu kennen, manchmal zu fühlen. Wird im richtigen Moment behandelt, kommt man eher mit geringen, sanften Mitteln aus. Die Prägungsphasen in der Entwicklung zu nutzen, ist die beste Versicherung gegen Übertherapie und unnötige Belastungen der kleinen Patienten, gegen das „viel hilft viel" (s.u.).

Dazu kommt, daß es Dinge gibt, die wir beeinflussen können, und andere, bei denen uns – zumindest heute noch – keine gezielte Behandlung zur Verfügung steht. Wenn wir aber behandeln, sollten wir eines bedenken: es kommt nicht darauf an, wieviel wir tun, sondern darauf, wieviel das Kind verarbeiten und aufnehmen kann. Dazu später mehr.

An anderer Stelle wird betont, daß man um so besser behandeln kann, je früher man beginnt. Das soll auch hier unterstrichen werden. Man muß aber im selben Atemzug hinzufügen, daß *früh behandeln* nicht *früh viel behandeln* heißen kann. Manche Fälle von Asymmetrie und Kopfhalteschwäche verlieren sich, wenn das entsprechende Entwicklungsalter erreicht ist. Auch bei behinderten Kindern – z.B. Trisomie-Kindern (Morbus Down) – hat es keinen Sinn, sofort nach der Diagnose loszulegen und ein drei oder vier Wochen altes Baby „durchzubehandeln". Auch ein kleines Trisomie-Kind muß erst mit dem Riesenschritt des Auf-die-Welt-Kommens fertigwerden.

---

[5] „Bistro, bistro" (russisch für schnell) riefen die zaristischen Soldaten den Pariser Kellnern hinterher, als sie nach dem Sieg über Napoleon die Stadt besetzt hatten. Sie hätten sich wohl nicht träumen lassen, so Namensgeber einer „urfranzösischen" Einrichtung zu werden.

Wie oben angeführt ist der Zeitrahmen für die Entwicklung eines Individuums nicht sehr scharf zu fassen. Die *Reihenfolge* der Entwicklung andererseits ist ziemlich fest vorgegeben. Eins nach dem andern – so könnte man die Maxime wählen. Erst wenn das Eine (zum Beispiel: Krabbeln) gelernt ist, sollte das Andere (z.B. Stehen) angegangen werden.

Auch hier soll man nicht schematisch sein; es gibt immer wieder Kinder, die manch eine Etappe so schnell durchlaufen, daß man sie kaum als besonderen Entwicklungsschritt wahrzunehmen in der Lage ist. Aber in groben Zügen sollten die verschiedenen Entwicklungsschritte aufeinander folgen.

Wie bei der morphologischen Entwicklung auch, muß bei der koordinativen bzw. neurologischen Entwicklung eine Stufe nach der anderen durchlaufen werden, wobei jede Etappe ihre Zeit braucht. Man kann nicht Stelzen laufen, bevor man sicher auf seinen eigenen Beinen ist; man wird kaum mit Wurzelziehen anfangen vor Beherrschen des kleinen Einmaleins.

Wenn ein Kind schon sehr früh auf den Beinen steht und sich geradezu weigert zu sitzen oder zu krabbeln, ist das oft (nicht immer) ein Zeichen für eine gestörte Entwicklung der Wirbelsäule. Das Kind, Stolz der Großeltern („er stand schon mit einem halben Jahr!"), flieht vor Haltungen, die ihm Beschwerden machen und überspringt so Entwicklungsstufen, die ihm nachher fehlen. Das läßt sich bei der Untersuchung bestimmter Reflexe nachprüfen. Wenn man zum Beispiel diese Babies aus der Rückenlage an den Händen hochzieht, kommen sie mit zurückgeworfenem Kopf oder durchgedrückten Hüften ganz bolzengerade nach oben, während man eigentlich erwartet, daß sie sich durch diesen Test in Hüftbeugung hinsetzen lassen.

Zur Vorbereitung der US-Athleten auf die Olympiade in Los Angeles wurde untersucht, ob es in der Lebensgeschichte der Sportler Besonderheiten gab, die auf bestimmte Begabungen schließen ließen. Dabei stellte sich heraus, daß gerade die in Koordinationssportarten Erfolgreichen in ihrer frühkindlichen Entwicklung (krabbeln, stehen, laufen lernen) besonders langsam gewesen waren. Sie hatten sich Zeit gelassen, die entsprechenden Programme gut gelernt und dadurch eine solide Basis für ihre weitere Entwicklung geschaffen.

Umgekehrt finden wir recht häufig bei jungen Leuten, die wegen Haltungsschwierigkeiten in der Schule auffallen oder wegen koordinativer Probleme kommen, daß sie in ihrer Entwicklung „schnell" waren. Sie standen schnell, kamen sehr zeitig aus dem Liegen ins Stehen und recht häufig wurde auf Nachfrage auch über Schiefheit als Baby berichtet, was dann zu Krankengymnastik, Gipsbett oder ähnlichem geführt hatte.

In den neun Monaten der Schwangerschaft durchlaufen wir in kurzer Zeit eine Entwicklung, bei der immer wieder komplexere Strukturen auf einfacheren Vorstufen aufbauen. Genauso wie auf der anatomischen Ebene verhält es sich mit der Motorik und Koordination: auch hier findet man erst primitive Reflexe, die später von komplexeren, flexiblen ersetzt werden. Sie sind dann nur nachweisbar, wenn die höheren Kontrollzentren ausfallen.

Ganz am Anfang dominieren zum Beispiel primitive Stell- und Haltereflexe, die dann später von übergeordneten Regelkreisen in den Hintergrund gedrängt werden. Diese Reflexe lassen noch gut erkennen, daß sie zur Fortbewegung unserer frühen Vorfahren, der Echsen, durchaus Sinn machten. Hier waren sie Teil des „fest verdrahteten" Programms – und das sitzt zum großen Teil im Rückenmark. Bei den höheren Wirbeltieren und uns Primaten werden sie nicht gelöscht, sondern schlummern im Hintergrund. Fallen aus irgendwelchen Gründen die „moderneren" Reflexe aus, sind diese primitiven Muster wieder nachweisbar. Man kann sich das als Notreserve vorstellen: wenn die Servolenkung beim Wagen ausfällt, kann man noch „wie in alten Zeiten" mechanisch lenken. Besser als nichts, aber doch sehr kraftaufwendig, und beileibe nicht immer ausreichend. Querschnittsgelähmte z.B. können durch das Zurückgreifen auf die spinalen Reflexe wieder ihre Blase entleeren lernen, wenn durch die Verletzung des Rückenmarks die Verbindung zum Gehirn unterbrochen ist. Sie greifen zurück auf die spinalen Reflexe, auf das „Gedächtnis des Rückenmarks".

Zu einem bestimmten Zeitpunkt der Entwicklung aber sind die primitiven Reflexe unabdingbar. Sie bilden die Grundlage, auf denen sich die komplexeren Regel- und Steuersysteme erst etablieren können. Wenn Störungen diese „Übergabe der Steuerung" von diesen alten Bewegungsmustern an die neueren Reflexe verhindern, bleiben diese weiter wirksam und blockieren die normale Entwicklung des Bewegungssystems. Diese werden dann nicht gut installiert – sei es, weil die Hardware nicht stimmt (fehlentwickelte Nervenverbindungen), sei es, weil die Software fehlerhaft ist (schlecht „angelernte" Regelkreise). Beides greift ineinander; so ist diese Trennung bei biologischen Systemen immer etwas künstlich. Doch hilft sie uns, die Möglichkeiten einer Therapie realistisch einzuschätzen, z.B. bei Kindern mit zentralen Koordinationsstörungen und Hirnschädigungen.

2.13 Das Gedächtnis des Rückenmarks

Wer erinnert sich noch des Biologieunterrichts über Reflexe? Die meisten haben zwei Beispiele im Gedächtnis, den Kniesehnenreflex und den PAWLOWschen Reflex. Fangen wir mit unserer kleinen Auffrischung bei Letzterem an, der den Namen eines russischen Physiologen trägt. Dieser hatte Hunde trainiert, indem er ihnen gleichzeitig leckeres Essen vorsetzte und sie eine Glocke hören ließ. Nach einiger Zeit konnte er nachweisen, daß schon der Klang der Glocke genügte, um den hungrigen Vierbeinern das Wasser im Munde zusammenlaufen zu lassen. Sie *assoziierten* den Klang mit dem gleichzeitig eingetretenen Ereignis.

PAWLOW konnte durch sein brilliantes Experiment seinen Zeitgenossen zeigen, wie derartige Reflexe unser tägliches Leben organisieren. Die Physiologen nennen solch einen komplexen Vorgang einen *Fremdreflex*; damit soll angedeutet werden, daß der Ausgangspunkt für diese automatische Handlung nicht mit dem Organ zusammenfällt, das „die Arbeit macht". Alle Reflexe, die sich über mehrere Organe hinweg auswirken, sind also Fremdreflexe. Beim PAWLOWschen Reflex wird über das Ohr ein Laut gehört, der schließlich zur Ausschüttung von Speichel führt.

Die große Gruppe der *Eigenreflexe* werden durch den Kniesehnenreflex repräsentiert, der eine schier unerschöpfliche Quelle von Witzen ist. Was passiert da eigentlich? Durch den Schlag mit dem Hammer auf die Sehne zwischen Kniescheibe und Schienbein wird der daran ansetzende Oberschenkelmuskel schnell gedehnt. Er reagiert darauf mit einer Verkürzung. Hier sind Meßfühler und ausführendes Organ in der gleichen Struktur. Dieser Reflex ist der Traum jedes sparsamen Konstrukteurs: Während der PAWLOWsche Reflex den ganzen Computer braucht, arbeitet der Eigenreflex äußerst effizient: Er wird in der Regel noch in derselben Etage des Rückenmarks, in dem der ankommende Nerv seinen Kern hat, auf die rausgehende Leitung umgeschaltet. Es gehört deshalb auch zur großen Familie der *spinalen Reflexe*.

Diese umfassen nun viel mehr als nur die Eigenreflexe. Wenn wir zum Beispiel unsere Hand doch recht schnell von einer zu heißen Herdplatte wegziehen, verdanken wir dies ebenfalls einem spinalen Reflex. Würden wir erst darüber nachdenken müssen, wären die Folgen wohl viel unangenehmer für unsere Finger. Hier sitzen die Verursacher der Aktion – hitzeempfindliche Sinneszellen und Schmerzrezeptoren – in den Fingern, das ausführende Organ wird von den Muskeln der Oberarme gestellt; ein Fremdreflex also, aber diesmal vermittelt auf der Ebene des Rückenmarks.

Womit wir langsam da wären, wo es für unser momentanes Thema interessant wird.

Daß der PAWLOWsche Hund Zeit brauchte, um den Zusammenhang zwischen der Glocke und dem Futter zu lernen, liegt auf der Hand. Daß auf der anderen Seite ein Kniesehnenreflex „fest verdrahtet" ist, d.h. zu unserer Grundausstattung bei Geburt gehört, liegt nahe. Alle anderen Reflexe benötigen mehr oder weniger lange, um ins Repertoire eines Organismus überzugehen.

Vieles von dem, was wir zum Beispiel für das Fahrradfahren an Programmierung brauchen, legt der Organismus nicht im Gehirn selbst ab. Es ist ja auch ökonomischer, die Unterprogramme nahe am ausführenden Organ zu speichern. Von oben kommen dann nur die „Regieanweisungen" wie: „streck das Bein", nicht aber: „den Musculus triceps surae jetzt um 20 % verkürzen!" So spart man Leitungskapazität und es geht schneller. Das „Gedächtnis" dieses Lernens liegt nicht im Gehirn, sondern im Rückenmark.

Spätestens, wenn wir das Fahrradfahren gelernt haben, können wir diese Arbeit dann untergeordneten Zentren überlassen, die heute vor allem im Kleinhirn vermutet werden. Sie arbeiten eng mit den Unterprogrammen im Rückenmark selbst zusammen und kümmern sich um alles Automatisierbare. Inzwischen bleibt dem Bewußtsein Zeit, sich um den Verkehr, die schöne Landschaft und das Gespräch mit dem neben uns Fahrenden zu kümmern.

Ganz zentral dazwischen sitzt unser Hals als Schaltstelle und Meßfühler. Hier wird untersucht, ob die Kopfhaltung gut ist, ob die Informationen des Innenohres und der Augen „stimmen". Dieser Bereich vermittelt zwischen dem Gedächtnis des Rückenmarks und dem Gehirn selbst. Wenn die hierher kommenden Informationen nicht präzise sind (weil z.B. eine Verspannung der Halswirbelsäule keine freie Beweglichkeit zuläßt), kann die Koordination nicht optimal arbeiten. Es ist ungefähr so, wie wenn man durch eine vereiste Scheibe sehend autofahren soll. Dabei sind die Seitenscheiben mit Problemen in weiterer Entfernung vergleichbar, sei es im Kreuz, Knie oder in der Schulter. Auch das ist ungünstig, aber man kommt zurecht. Die

Kopfgelenke an der oberen Halswirbelsäule entsprächen dann der Frontscheibe: wenn die ganz zu ist, muß man anhalten oder man riskiert Probleme.

Vorverarbeitung der Information da, wo sie anfällt – sei es im Auge oder eben auf der Ebene des Rückenmarks, wo die Nervenzellen der „Verdrahtung" in die Körperperipherie sitzen. Übermittlung der so konzentrierten und vorausgewerteten Daten ans Gehirn einerseits, und zur schnellen Reflektorik der spinalen Reflexe an die ausgehenden Leitungen auf gleicher oder benachbarter Ebenen andererseits. Was dann im Gehirn ausgewertet und verarbeitet wurde, geht als ausgehender Reiz über das Kleinhirn und die Schaltzentren der oberen Halswirbelsäule wieder zurück ins Rückenmark. Das hört sich kompliziert an (obwohl mich jeder Neurophysiologe für meine Vereinfachungen wohl am liebsten würgen würde), aber wie hieß es einmal so schön in einer Zigarettenwerbung: Es war schon immer etwas teurer, einen besonderen Geschmack zu haben. Flexibilität hat ihren Preis; wer nicht einfach ein vorgegebenes Programm abspulen will, braucht eine komplexere Steuerung. Aber so kann auch auf Situationen adäquat reagiert werden, die ein vorher festgelegtes Repertoire gar nicht vorplanen konnte.

Wir brauchen also das Gedächtnis des Rückenmarks, um all die anspruchsvollen Aufgaben der Bewegung und Wahrnehmung überhaupt bewältigen zu können. Wäre alle Arbeit dem Gehirn vorbehalten, müßte das Leitungsbündel des Rückenmarks mehrfach dicker ausgelegt sein, und mit der Schnelligkeit wäre es nicht weit her…

Wieviel Störungsmöglichkeiten dies beinhaltet, liegt auf der Hand.

Je näher an einer zentralen Struktur etwas kaputtgeht, desto weitere Kreise zieht das. Das bezieht sich auf die räumliche, aber auch auf die zeitliche Nähe. Eine der wichtigsten Strukturen für unseren Bewegungsapparat ist der Übergang Kopf–Hals. Die hiervon ausgehenden Probleme haben wir jetzt schon an einigen Beispielen kennengelernt. Wichtig und interessant ist hierbei, daß man nicht davon ausgehen kann, daß es unmittelbar (wiederum in Bezug auf räumliche *und* zeitliche Nähe) darauf oder daneben zu Auswirkungen kommt. Viele Kleinkinder fallen anfangs eher wegen einer Pofaltenasymmetrie als wegen Halsproblemen auf, manche Beschwerden zeigen sich erst Jahre später.

Die Störung, die in der Schnittstelle zwischen dem Zentralnervensystem und dem Rückenmark sitzt, wirkt lange und weit. Sie kann nach unten ausstrahlen und die Koordination „ärgern", sie kann nach oben ins Gehirn falsche Informationen weitergeben und damit die Haltung und Wahrnehmung durcheinanderbringen. Genausogut kann sie sozusagen „auf gleicher Ebene" in den benachbarten Bereichen des Hirnstamms die dort ansässigen Zentren der Grundregulation irritieren. Bei Erwachsenen kennen wir dies als Reizbarkeit, Konzentrationsstörung und ähnliche diffuse Beschwerden nach Halsverletzungen z.B. durch Autounfälle. Wir wissen, wie schwierig hier im Einzelfall der Zusammenhang herzustellen ist – sehr zur Freude der Versicherungen und ihrer Vertragsärzte.

Bei Kindern und Jugendlichen sind vergleichbare Probleme häufig mit gezielter Behandlung von Bewegungs- und Funktionsstörungen der Halswirbelsäule erfolgreich zu behandeln. Darüber soll im folgenden Abschnitt berichtet werden – und über den Zusammenhang mit lange vorausgehenden – und oft übersehenen – Symmetriestörungen als Kleinkind.

3 Perspektiven

Wie schon im Vorwort angedeutet, muß man wissen, wonach man suchen soll, um etwas zu finden. Als wir unter der Fragestellung „war da vorher ein KISS-Problem?" unsere Schulkinder und Jugendlichen anschauten, waren wir verblüfft, wie oft man in den Fotoalben der Familien die vermutete Schiefheit in der Babyphase dokumentiert fand.

Ähnliches galt für die behinderten Kinder, die wir seit Mitte der achziger Jahre immer häufiger sahen. Auch hier war es ja die Asymmetrie der Haltung oder der Defekte, die die zuweisenden ÄrztInnen und Physiotherapeuten auf die Idee gebracht hatte, „es doch mal mit manueller Therapie zu versuchen". Um einen Kollegen zu zitieren: „Welches Kind mit einer Cerebralparese hat keine Symmetriestörung…" (vgl. Kap. 3.4).

Der Übergang von den kleinen KISS-Babies zu diesen Fällen ist naturgemäß fließend. Ein Baby, das dauernd schreit, zur Ruhe zu bringen, ein fixiert und krumm daliegendes Kleinkind zu „begradigen" – das ist eigentlich schon Grund genug, sich mit der funktionellen Therapie der Wirbelsäule zu beschäftigen.

Ein anderer Aspekt des KISS sind Probleme, deren Zusammenhang mit der Halswirbelsäule nicht offensichtlich ist, die sich aber so schnell nach der Behandlung bessern, daß dies auch für Laien ein überzeugendes Argument ist. Dazu gehören etliche vegetative Symptome. Darunter versteht man alles, was unserer bewußten Kontrolle entzogen ist, d.h. zum Beispiel Schweißneigung, Blutdruck, Herzschlag oder der Schlaf-Wachrythmus.

Bei ganz kleinen Kindern in den ersten drei Monaten nach Geburt ist es vor allem das stundenlange Schreien, das schlechte Einschlafen und häufige Wachwerden. Sehr häufig kann man hier schon am Abend nach der Behandlung eine Besserung sehen – vorausgesetzt natürlich, man hat andere Ursachen vorher ausgeschlossen. Danach wird die Asymmetrie das dominierende Symptom.

Nach dem Gehenlernen und Aufrechtstehen verlieren sich anfangs die Schwierigkeiten, um dann in neuer Form Jahre später wiederaufzutauchen. So vielfältig wie die dabei auftretenden Probleme sind die Bezeichnungen; ein Überbegriff ist die Diagnose der *senso-motorischen Diskybernese* (SMD). Wahrnehmung und Bewegung sind fehlgesteuert, könnte man das übersetzen. Nicht alle Kinder mit SMD haben nur ein Problem der Wirbelsäule, aber vielen kann über diesen Zugang geholfen werden, zumindest zum Teil. Das gilt auch für die neurologisch geschädigten Kinder, sei es durch Unfall, Infektion, Geburtsschaden oder Erbleiden. Man kann all das nicht mehr ungeschehen machen, aber die Auswirkungen mildern, den Verlauf beeinflussen, Sekundärschäden vermeiden. Auch dazu später mehr.

Schließlich seien nochmals die verschiedenen Problemkindergruppen erwähnt, für die es spezielle Betreuungsgruppen gibt. Das *psycho-organische Syndrom*, die Kinder mit *minimal cerebral damage* (was man mit „kleiner Hirnschaden" übersetzen muß), Jugendliche mit *attention deficit disorder* (Kinder mit chronischen Konzentrationsstörungen), hyperaktive Kinder, all diesen Begriffe ist ja eine gewisse Hilflosigkeit gemeinsam. Sie versehen ein Problem mit einem Begriff, der dann aber nur wenig zu einer gezielten Therapie beitragen kann.

Mit dem Etikettaufkleben ist es aber nicht getan. Man denkt an den Patienten, der zu Hause stolz erzählt „Ich habe dem Doktor meine Schulterschmerzen so genau geschildert, daß der gleich die Diagnose wußte. Er sagt mir, ich habe eine Brachialgie" – was einfach der lateinische Ausdruck für Schulterschmerzen ist. Ein Aufkleber auf dem Problem nützt um so mehr, je besser er uns zur Abhilfe führt. Eine Zustandsbeschreibung allein hilft nicht weiter, ja sie lockt uns nicht selten auf eine falsche Fährte.

3.1 Auf der Suche nach „der optimalen Methode"

Alle, die direkt am Menschen Hand anlegen, können auf eine sehr lange Tradition zurückblicken. Wenn man sich an den Wühltischen der wissenschaftlichen Antiquariate umschaut, findet man immer wieder Bücher über das, was wir heute als *manuelle Medizin, Physiotherapie* oder ähnlich bezeichnen. Vor hundert oder hundertfünfzig Jahren nannte man das *Nervenkneten, den Säfteumlauf fördern* oder einfach *Gesundheitsfürsorge.*

Diese lange Tradition hat viele gute Seiten; ein Handwerk lebt davon, daß die Tips und Tricks, die sich ein Praktiker im Laufe seines Lebens zusammengesucht hat, an die Schüler der nächsten Generation weitergegeben werden. Für manch Ehrgeizigen hat es aber auch den Nachteil, daß man sich nicht so ganz einfach profilieren kann. Bei neuen Operationsverfahren oder einem eben entdeckten Medikament kann man davon ausgehen, der erste zu sein. In unserer alten Zunft kommt alles wieder, wenn auch in neuer (Ver-)Kleidung. Man soll da auch nicht zu prinzipiell sein: wenn eben einer meint, er müsse seinen Namen mit einem Griff, einer Methode verbinden, soll er (oder seltener: sie) es doch tun, solange dadurch den Patienten besser geholfen wird, meinetwegen.

Solche Gedanken hat man nicht selten, wenn man von Eltern zum wiederholten Male auf diese oder jene „neue Methode" angesprochen wird. Auf meinem engeren Fachgebiet sind das zur Zeit vor allem die *Osteopathie* und die *cranio-sacrale Therapie.* Beides Methoden, die aller Ehren wert sind – und übrigens auf eine lange Geschichte zurückblicken können. Beides aber auch Methoden, die ganz tief im Handwerklichen verwurzelt sind. Genauso wie bei der klassischen Manualtherapie kommt es nicht nur darauf an, einen Kurs gemacht zu haben. Man muß ein Händchen haben, Jahre Erfahrung und dann auch noch möglichst das Know-how. Dann klappt's. Welche Methode man anwendet hängt dann vor allem vom eigenen Naturell ab; mir zum Beispiel ist nicht die Geduld gegeben, stunden- und wochenlang mit meinen Patienten zu üben. Also habe ich mir im Lauf der Jahre Verfahren gesucht, für die nur wenige Behandlungen nötig sind. Das kommt meist auch den Patienten entgegen.

Nun gibt es auch Menschen, die es nicht so gerne haben, wenn man „mit der Tür ins Haus fällt". Die werden besser mit einem Arzt oder TherapeutIn zurechtkommen, die sanftere Methoden einsetzt. So kann allen geholfen werden, aber eben nicht allen von jedem. Wenn man in dieser Art parallel arbeitet, kann man konstruktiv über die Qualität konkurrieren.

Immer wieder kommt die Frage von Kollegen oder betroffenen Eltern: An wen können wir uns wenden? Wer kennt die Verfahren, die Sie hier anpreisen?

Ich bin im Lauf der Jahre sehr zurückhaltend geworden mit dem Empfehlen von anderen Behandlern. Man kennt die meisten ohnehin nur von gemeinsamen Kongressen oder wissenschaftlicher Arbeit; kaum einen hat man behandeln sehen. Auch ändern wir uns alle. Etliche, die mit viel Initiative und Kreaviität in den Beruf gegangen sind, wurden im Lauf der Jahre förmlich ausgesogen von der täglichen Überbelastung; sie stumpften ab, brannten aus. Wer gut ist, dem wird die Bude eingerannt, und wenn man nicht konsequent gegenhält, kapituliert man irgendwann einmal innerlich, und die Qualität der Arbeit leidet darunter.

Man sollte also sehr vorsichtig sein, jemanden als „passenden" Behandler zu empfehlen. Auch hat es wenig Sinn, irgendwelche Listen von Fachvereinigungen oder Fortbildungskursen zugrunde zu legen. Da steht eben meist drin, wer das Interesse hatte, an gewissen Veranstaltungen teilzunehmen; über die Qualität sagt das nicht viel.

Auf der anderen Seite ist es natürlich möglich, daß im Ort des Anrufers jemand praktiziert, der exzellent mit Kindern umgeht und genau der richtige wäre – aber man kennt ihn halt nicht. Meist ist es am besten, zu Hause am Heimatort einen Kinderarzt zu suchen, mit dem man einen guten Vertrauenskontakt hat. Der kann einem dann oft mit lokalen Adressen weiterhelfen. Viele Eltern beraten sich auch miteinander beim Mutter/Kind-Turnen oder ähnlichen Anlässen und tauschen Adressen von Ärztinnen oder Physiotherapeuten aus. Im Endeffekt ist eine Empfehlung, die auf persönlicher Erfahrung beruht, immer besser als eine, die sich auf irgendwelche Verzeichnisse stützt.

3M: Minimalistische Manuelle Medizin

Die manuelle Therapie ist eine einfache und unglaublich wirksame Methode, und dies ist (Gott sei Dank) gerade für den Anfänger ein Ansporn, da er schnell und mit ganz einfachen Techniken Erfolge sieht. Man ist ein bißchen ans Englischlernen erinnert: Auch da glaubt man zu Beginn schnell „das ist ja kinderleicht" – und je mehr man sich in die Sprache vorwagt, desto steiniger wird der Weg.

Auch die manuellen Methoden sehen zu Beginn ganz einfach aus „das ist doch eine Sache von wenigen Augenblicken"; ich erinnere mich eines Kurses, den ich vor einigen Monaten gab, und der eine recht anspruchsvolle Behandlungstechnik präsentierte. Ein Kollege, der noch nicht allzuviel Erfahrung hatte, kam danach zu mir und sagte ganz gönnerhaft: „Diese Methode habe ich ja jetzt gelernt, das werde ich mit in meine Behandlung einbauen." – Schon dadurch hatte er sich als Anfänger ausgewiesen.

Es ist wie beim Klavierspielen: die einzelne Hand-lung (im wahrsten Sinne des Wortes) ist denkbar einfach; da – ein Griff an der Wirbelsäule, dort – ein Finger, der die Taste trifft. Genauso wenig, wie jeder, der eine Taste trifft, auch Klavierspielen kann, kann einer, der den Patienten auf der Untersuchungsliege verdreht, deshalb auch schon exakt behandeln.

Die Anfangserfolge verleiten nun nicht wenige, es mit der Vertiefung etwas auf die leichte Schulter zu nehmen. Man knaxt eben so vor sich hin. Dieses Schicksal teilt die manuelle Medizin mit etlichen anderen physikalischen Verfahren[1]. All dies findet in den meisten Kliniken im Keller statt. Hier sind die oft unansehnlichen Kabinen der medizinischen Bademeister, die ihre Kundschaft mit Packungen und Bädern traktieren; hierhin wird man zu Gymnastik und Übungstherapie geschickt.

Nun war es zumindest zu meiner Zeit so, daß man problemlos seinen Facharzt für Orthopädie machen konnte, ohne einmal in der Bäder- oder Gymnastikabteilung gesehen worden zu sein. Das Wissen, welche Methode wann am effektivsten ist, erwarb man sich – wenn überhaupt – oft eher von einer cleveren Stationsschwester oder dem erfahrenen Ambulanzpfleger als während der „ärztlichen" Ausbildung und nicht systematisch oder gar durch praktische Erfahrung.

Durch diese Haltung war eine gewisse Verachtung für derartige „einfache" Behandlungen vorgegeben. Die manuelle Medizin nistet genau in dieser Schnittstelle zwischen orthopädisch-operativer Tätigkeit und den Begleitbehandlungen durch das Hilfspersonal, um es böse zu formulieren.

Viele Assistenzärzte in orthopädischen Abteilungen haben heimlich die Kurse der Manualmedizin besucht; ihr Chef durfte davon keinen Wind bekommen! So fehlt es an einer vertiefenden Tradition der Ausbildung für dieses Handwerk, und oft wird die manuelle Medizin so eingesetzt, wie die verschiedenen Formen der physikalischen Therapie: Blind und ein bißchen beliebig. „Geben wir mal Fango und Massage" – welcher Assistenzarzt hat das nicht von Chefvisiten noch im Ohr!

Doch genau wie alle anderen Behandlungsformen gibt es auch bei der manuellen Medizin ein Zuwenig und ein Zuviel, und einen optimalen Zeitpunkt für eine Therapie. Besonders bei Kindern mit ihrer unverdorbenen Sensibilität wird das deutlich. Man gießt ein Blumenbeet nicht in der prallen Mittagssonne, man düngt den Strauch nicht im Winter, und man manipuliert einen leidenden Hals nicht zur Unzeit.

Das sollte eigentlich selbstverständlich sein. Doch weit gefehlt; gerade bei eher geringen Kenntnissen wird oft versucht, dieses Zuwenig an Know-how durch ein Zuviel an Behandlung zu verdecken. Bei Kleinkindern führt das dazu, daß diese in wenigen Wochen ein dutzendmal und mehr behandelt werden. Nun ist das wie beim Vitamin C: man kann so viel schlucken wie man will, schlußendlich kommt es darauf an, was der Körper aufnehmen kann. Das entscheidet über die Wirksamkeit.

Folgt man diesem Vergleich zu schematisch könnte man sagen: „Je nun, laßt sie halt zuviel machen. Das wird schon nicht schaden". Doch genau das ist – nicht nur, aber vor allem bei Kleinkindern – völlig falsch. Um bei unserem gartenbaulichen Vergleich zu bleiben: wenn ich eine Pflanze einmal umtopfe, tut ihr das gut. Mach ich's aber täglich, bringe ich auch die robusteste Sansiveria irgendwann um ihren Lebensmut.

Ein kleines Kind muß man wie ein zerbrechliches Instrument behandeln: vorsichtig dessen Resonanzschwingungen anregen und dann abwarten. Dann kommt der Erfolg, aber ganz oft eben nicht sofort. Meiner Erfahrung nach muß man in der Regel

---

[1] Mit diesem Begriff faßt man Behandlungen zusammen, die nicht chemisch (d.h. meist medikamentös) sondern durch Einwirkung von Kräften arbeiten. Das kann die Hand des Masseurs oder Physiotherapeuten sein, die Wärme der Fangopackung oder das elektrische Feld des Stangerbades.

eine bis drei Wochen warten, bis man sieht, was die Manualtherapie erreichen konnte.

Gerade bei schwereren Fällen gibt es fast regelmäßig eine anfängliche Irritationsphase. „Meine Tochter war zwei Tage ganz durcheinander" – „Der Junge war am Tag danach ganz kribbelig" – „Ich habe die Kleine gar nicht wiedererkannt"; das sind nur ein paar Bemerkungen der Eltern bei der Kontrolle. Sicher berichten einige, daß die Kinder schon am selben Tag viel besser geschlafen hatten, eine entspannte Haltung einnahmen etc. Bei der Mehrzahl der Kinder dauert das aber ein bißchen. Das ist ein Grund dafür, daß wir von einer zu schnellen Kontrolluntersuchung abraten. Ein Beispiel ist schon weiter oben geschildert (vgl. Fall 4, S. 33).

Um gleich einem falschen Eindruck vorzubeugen: Nicht alles, was im Monat nach der Behandlung an Positivem zu beobachten ist, kann der Manualtherapie gutgeschrieben werden. Gerade bei Kleinkindern passiert so viel, daß mit und ohne Therapie Fortschritte zu sehen sein werden. Wenn man aber wieder und wieder hört, daß ein entwicklungsverzögertes Kind in der Woche nach Behandlung anfing zu krabbeln, sich zu drehen, weniger sabberte oder besser aß – dann liegt man sicher nicht ganz falsch, ein Gutteil dieser Besserung mit der Therapie in Verbindung zu bringen. Zumal dann, wenn in den Wochen und Monaten vorher nicht viel passierte. Man hört dann von den Eltern und Betreuern: Das Kind hat förmlich einen Sprung nach vorn gemacht.

Dieser „große Sprung" ist nun – und man möge mir das gebetsmühlenartige Wiederholen dieser enorm wichtigen Feststellung bitte verzeihen – in überhaupt gar keiner Weise von der Menge der applizierten Manualtherapie abhängig. Man kann eher sagen, daß dies eines der Unterscheidungskriterien zwischen der (genauso notwenigen) Krankengymnastik und der Manualtherapie ist: während erstere gerade durch das geduldige Einüben von Bewegungsabläufen ihren Erfolg erzielt, hat die Manualtherapie ihren Effekt im Anstoßen einer Entwicklung. Dazu genügt oft eine oder zumindest wenige Behandlungen – *und dann das ausreichend lange Abwarten.*

Dieses Abwarten kostet Nerven, das ist wohl wahr. Die Hausfrau denke an den Hefeteig, der gehen muß, der Bastler an den Kleber, der aushärtet; den Gärtner braucht man nicht zur Geduld zu mahnen – ihm ist es eine Selbstverständlichkeit.

Aus dem eben Gesagten ergeben sich zwei Konsequenzen für unsere Behandlung: *So wenig wie möglich, so viel wie nötig* – und zum richtigen Zeitpunkt. Und dann ist es wirklich furchtbar einfach.

3.2 Beim ersten Mal treffen

Es ist von entscheidendem Einfluß auf die Wirksamkeit einer Therapie, wann sie stattfindet. Man kann nicht „eben mal" versuchen, jemanden am Hals zu behandeln, und wenn's nicht klappt eine andere Methode wählen.

Einem Chirurgen ist das klar: wenn er einen gebrochenen Knochen wieder einrichtet, muß das beim ersten Mal sitzen. Dann rasten die Fragmente förmlich ineinander, und man kann beruhigt gipsen. Muß immer wieder nachkorrigiert werden, verliert man diesen internen Stabilisierungseffekt, das Ganze wird labil und viel schwieriger einzurichten. Die Schwellungsneigung steigt, spätere Komplikationen sind viel häufiger.

Aus dem Alltagsleben gibt es eine Fülle ähnlicher Erfahrungen: Ist ein Nagel erst einmal krumm, geht er kaum mehr in die Wand; eine versalzene Sauce kann man durch Tricks manchmal noch genießbar machen, aber eine Gaumenfreude ist sie nicht mehr.

Diese grundlegende Erfahrung begegnet uns bei unseren KISS-Kindern in mehrfacher Weise:

● Es geht am besten beim ersten Mal:
„Warum kompliziert untersuchen, einfach behandeln, ausprobieren, und wenn es nicht geklappt hat, eben von der anderen Seite nochmal!" – Wenn man so vorgeht, spart man scheinbar Zeit und Röntgenbilder. Viele Eltern, die eine unberechtigt große Angst vor der Röntgenbelastung haben, wären mit diesem Vorgehen leicht zufriedenzustellen. Warum also nicht? Zwischen den Behandlungen muß man Zeit lassen, mindestens drei Wochen, um eine vernünftige Beurteilung abgeben zu können. Das sind im Extremfall dann drei verlorene Wochen, die im ersten Lebensjahr sehr wohl zählen. Dazu kommt aber, daß man beim zweiten Mal nicht mehr so „durchschlagend" behandeln kann wie beim ersten Versuch. Diese Erfahrung – die ich auch von anderen bestätigt bekam – ist naturgemäß schwierig verifizierbar; man kann es ja schlecht ausprobieren. Bei auswärts vorbehandelten Kindern zeigt es sich immer wieder, daß diese um so komplizierter zu behandeln sind, je öfter vorher „probiert" wurde.

● Das mühsame Verlernen:
Warum ist die funktionelle Vertebraltherapie bei Babies so viel erfolgreicher als bei älteren Kindern? Es war immer wieder erstaunlich zu sehen, daß exakt dieselbe Therapie bei einem 6monatigen Säugling ungleich bessere Ergebnisse erzielte als bei einem Zweijährigen. Wer mit einem Messer einen Karton schneiden will, kennt das Problem. Ist man einmal vom Lineal abgerutscht, „will" das Messer immer wieder in die ungewünschte Richtung ausweichen, und ein gerades Schneiden ist nur mit Mühe zu realisieren. Ist ein falscher Bewegungsablauf erst einmal „gut gelernt", hat man viel Mühe, das wieder abzubauen. Schulkinder, die längere Zeit mit einem Gehgips zurechtkommen mußten, laufen oft noch Monate später „falsch". Noch mehr trifft das auf das zu, was unsere kleinen Patienten in ihrer schiefen Zeit gelernt haben. Je länger das anhielt, desto fester sitzt das in dieser Zeit Trainierte. Hier ist die Vertikalisierung, d.h. das Laufenlernen die wichtigste Wasserscheide. Schon vorher läßt sich die Entwicklung des Kampfes mit der Schwerkraft in mehrere Etappen einteilen. Alles, was vorher geübt wurde, wird dann förmlich fixiert und viel schwerer wieder „gelöscht" im Programm. Die wichtigste und für Laien am besten faßbare Etappe ist aber das Gehenlernen (Mädchen ca. 9–12 Monate, Jungen 10–14 Monate alt).

● Eine zu lange bestehende Fehlfunktion zieht eine Störung der Form nach sich:
Wird der Hals lange genug schief gehalten, passen sich die Gelenke an. Selbst wenn

dann der Reiz, der ursprünglich für die Schiefhaltung verantwortlich war, schon lange nicht mehr besteht, bleibt diese Neigung des Kopfes weiter sichtbar. Das Kind muß dann – zumindest zu Anfang – überkompensieren. Es hält also den Kopf nicht so, wie es am einfachsten wäre, sondern muß den Hals darüber hinaus „verbiegen". Solange nichts stört, schaffen das die Kinder auch, wenn man die funktionellen Störungen beseitigt hat. Werden sie aber überfordert, kommt die alte Fehlhaltung wieder durch.

• Das Problem ist nicht weg, es schlummert im Untergrund. Werden darüberliegende Mechanismen geschwächt, kommt die Symptomatik wieder zum Durchbruch. Das kann bei einer langen Reise passieren, wenn sie eine Infektion haben oder bei einem Wachstumsschub, wo ohnehin alles wieder labiler wird und sozusagen neu einsortiert werden muß. Man muß dann im Einzelfall abwägen, ob eine Nachuntersuchung nötig ist, ob eine weitere Behandlung angezeigt ist.

3.3 Dialektik von Form und Funktion

Die Form folgt der Funktion – ist eine der Maximen des amerikanischen Architekten BUCKMISTER FULLER. Er wollte damit wohl sagen, daß Dinge ihre Form der durch sie erfüllten Funktion verdanken und verdanken sollten. Ein Messergriff soll sich der Hand anpassen und nicht umgekehrt; ein Bauwerk soll seine Zweckbestimmung widerspiegeln, und das mit möglichst einfachen Mitteln. FULLER postulierte die Eleganz und Schönheit durch Ökonomie der Mittel und Konzentration auf das Wesentliche.

Bei unseren kleinen Patienten wird dieses Wechselspiel auf eine andere Weise deutlich: bei ihrem plastischen und unfertigen Körper wirken sich kleine Orientierungsänderungen gleich massiv aus: Ein Neugeborenes, das im Brutkasten einige Wochen beatmet werden muß, bekommt einen schiefen Schädel, wenn die Lage am Intubationsschlauch nicht regelmäßig geändert wird. Genauso führt eine zur Schmerzvermeidung eingenommene einseitige Haltung in diesem Alter schnell zu Gesichts- und Schädelasymmetrien, wie wir schon gesehen haben. Hier bestätigt sich das *form follows function* in einer unguten Weise am lebenden Objekt.

Es war deshalb nur logisch, diese einseitige Haltung einfach zu ändern, um so die Asymmetrie wieder verschwinden zu lassen. Unter dieser Überlegung wurde den Eltern dann empfohlen, ihre Kinder anders ins Bett zu legen, das Licht oder ein Spielzeug an die andere Bettseite zu bringen etc. Die Abbildung aus einem Standardwerk der sechziger Jahre zeigt, zu welchen Extremen dies führte (vgl. Abb. 2.3). Man denkt wieder an das festgebundene Bäumchen der ANDRYschen Anfangstage, das sich als Symbol der Orthopäden bis heute behauptet hat...

Nun, manchmal halfen diese Ratschläge; meist aber „wehrten" sich die Kinder so lautstark dagegen, daß die Eltern ihre Bemühungen bald wieder aufgaben. Solange ein Schmerz den Säuglingen eine andere Position aufzwingt, wird man nur unter großem Widerstand der kleinen Patienten eine andere Haltung erreichen. Das soll nicht heißen, daß das unmöglich ist; elegant kann man solch ein Vorgehen aber nicht nennen.

Jeder Schmerz, jede Unannehmlichkeit, die man irgendeinem Patient – und besonders kleinen Kindern – zumuten zu müssen glaubt, sollte man vor sich und den Betroffenen rechtfertigen können. Je länger und eingreifender solch eine Behandlungsmaßnahme ist, desto strenger müssen die Kriterien sein, die man dabei anlegt. Wenn man ein Kind für eine Blutabnahme stechen muß, ist das wahrscheinlich weniger schlimm als eine monatelange krankengymnastische Behandlung, die oft im Moment weniger schmerzhaft ist als die piekende Nadel.

Irgendwann kommt immer der Punkt, an dem die Entwicklung umschlägt: war es vorher die (einseitige) Funktion, die die Form bestimmte, ist es jetzt die (dadurch entstandene) Asymmetrie, die jetzt die Funktion bestimmt. In Anlehnung an B. FULLER könnte man jetzt sagen *die Funktion wird von der Form determiniert*. War ein Hals lange genug schief, haben sich die Wirbel und ihre Gelenke dem angepaßt; ein jahrelang verkürzter Muskel ist bindegewebig verändert und irreversibel in seinem Dehnungsvermögen begrenzt.

In dieser Dialektik arbeitet jeder, der mit lebenden Wesen zu tun hat. Wir Ärzte müssen dann abwägen, ob wir noch mit funktionellen Mitteln zurechtkommen, oder ob die Situation schon so weit fehlentwickelt ist, daß z.B. nur noch eine Operation helfen kann. In diesen Endstadien von Krankheitsprozessen kommen dann ganz andere Entscheidungen zum Tragen als bei Patienten, die man noch in einer frühen Phase mit weitaus geringeren Mitteln behandeln kann. Bei einer kleinen Gastritis reicht es oft, das Rauchen aufzugeben oder gewissen Speisen aus dem Weg zu gehen. Ist das Magengeschwür da oder gar durch die Magenwand durchgebrochen, genügen diese Ratschläge nicht mehr.

Alles zu seiner Zeit hat eben auch die Kehrseite, daß man einen möglichen Behandlungszeitpunkt verpassen kann. Hier liegt die Verantwortung des Arztes; nur er kann aus dem Überblick und der Erfahrung die Situation eines Kleinkindes in ihrer Entwicklung abschätzen. Er muß dies dann den Eltern überzeugend darlegen, um seine daraus gezogenen Schlüsse verständlich zu machen. Es hieße die Eltern überfordern, wollte man ihnen solch eine Entscheidung alleine zumuten. Wer behauptet, Patienten oder Eltern kranker Kinder könnten durch „Aufklärung" in die Lage versetzt werden, eine Entscheidung vollverantwortlich zu treffen, irrt oder lügt. Natürlich wird man sich Mühe geben, einen Zusammenhang so gut es geht darzustellen und die Gründe für oder gegen ein Vorgehen zu erläutern. Die Entscheidung selbst ist aber meiner Erfahrung nach mindestens genauso vom Vertrauen zur Kompetenz des Arztes wie von eigenen unbewußten Ängsten und Vorbehalten geprägt. Damit müssen alle Beteiligten leben, und wer „politisch korrekt" die Patientenaufklärung als Allheilmittel sieht, macht es sich eben ziemlich bequem.

Am Beispiel des KISS-Syndroms sei das schlaglichtartig erläutert:
Am Anfang steht eine Verletzung der oberen Halsweichteile unter der Geburt oder vorher durch Zerrung, Stauchung oder Fehllagerung. Viele Kinder überwinden diese Phase selber; ein Teil aber reagiert auf diesen Schmerz mit einer mehr oder weniger starken Zwangshaltung, um der schmerzhaften Position möglichst aus dem Weg zu gehen. Je nachdem, wie stark diese Zwangshaltung ist und wie lange sie eingenom-

men wird, führt das zu einer Veränderung der Form der Knochen, Gelenke und Weichteile und zu einer Fehlprogrammierung der beteiligten Nervensysteme.

Wenn dieser Zustand zu lange angehalten hat, kann das zu irreversiblen Schädelasymmetrien und narbig umgewandelten Muskeln führen. Dann allerdings ist eine funktionelle Therapie nur noch bedingt erfolgversprechend. Erst wenn man sich der Tatsache bewußt wird, daß diese Endprodukte einer langen Entwicklung auf funktionellen Veränderungen aufbauen, kann man nach einer Therapie fahnden, die weniger eingreifend ist als „klassische" operativ-orthopädische Techniken.

Ein narbig verkürzter Muskel war irgendwann einmal nur funktionell verkürzt. Erst nach Wochen und Monaten ging dann dieser Zustand über in einen bindegewebigen Umbau; aus dem Muskel wurde ein Narbenstrang. Daran kann keine Krankengymnastik, keine Manualtherapie etwas ändern. Deshalb ist es so wichtig, rechtzeitig auf die Vorboten solch einer Entwicklung aufmerksam zu werden.

Diese Vorstadien erkennt nur, wer über die entsprechende Erfahrung verfügt. Nur dann kann eine Beratung der Eltern die zu erwartende Entwicklung und den deshalb nötigen Behandlungsaufwand in ein korrektes Verhältnis setzen. Nur wer die Spätphase derartiger Krankheitsbilder von den noch funktionell beeinflußbaren Frühbildern unterscheiden gelernt hat, wird dann auch fundiert zu der dann nötigen intensiveren Therapie raten können – sei es Operation, Gips oder eine andere eingreifende Maßnahme.

3.4 Manualtherapeutische Mitbehandlung von CP-Kindern

Die Cerebralparese (CP) ist die bleibende sensomotorische Störung als Folge einer frühkindlichen Hirnschädigung – soweit die Definition. Dieser Ausdruck umfaßt also alle, bei denen eine Hirnschädigung zu Störungen von Haltung und Bewegung führt.

Hier soll nicht die Definition der Cerebralparese problematisiert werden. Die Diskussion ist immer noch im Fluß. Man findet in der Literatur Angaben um die 20 % für Verhaltens- und Entwicklungsstörungen und ca. 1 % „echter" Cerebralparesen. Es handelt sich ja eigentlich um einen Überbegriff für alle möglichen Schädigungsmechanismen. Mich stört an dieser Definition – die ich beim Vorbereiten dieses Textes in mehreren Büchern fast wörtlich wiederholt fand – vor allem das *„bleibende"*. Man hört förmlich, wie hier ein Pflock in den Boden gehauen wird. „Da kommst Du nicht mehr weg", scheint man dem Kind zuzurufen. Interessant ist dann aber, daß den 20 % gefährdeten nur 1 % mit dem „echten" Bild gegenüberstehen. Bei einem Teil der Betroffenen kann man zum Beispiel mit Computertomographien oder Ultraschall im Gehirn Veränderungen finden, bei vielen zeigen auch modernste Verfahren keine „passenden" Befunde (Abb. 3.1).

Dem nun zu entnehmen, man brauche eben nur eine weitaus exaktere Diagnostik und könne dann bei einem Großteil der Kinder auf jedwede Behandlung verzichten, ist ein Trugschluß. Aus der Behandlung von Schulkindern wissen wir, wie viele erste Symptome schon in der frühkindlichen Entwicklung zeigten und dann ungleich einfacher zu behandeln gewesen wären.

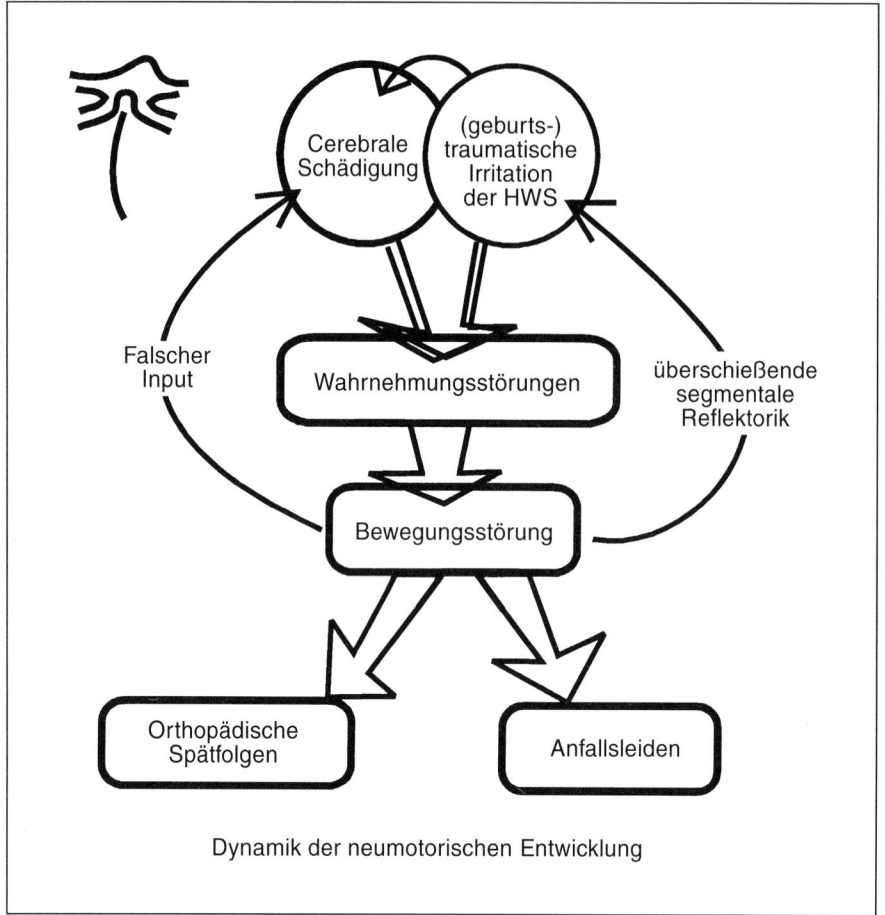

Abb. 3.1   Schema der neurologischen Schädigung Neugeborener. Diese Zusammenstellung betont die *Dynamik* der Entwicklung. Eine Hirnschädigung kommt praktisch nie alleine; sie wird durch die Effekte der gleichzeitig erlittenen Schädigung in der Peripherie (z.B. der Halswirbelsäule) verstärkt und ist eben hier gut zu beeinflussen.

Umgekehrt paßt's eher: Wir greifen die Verdachtsdiagnose „Cerebralparese" auf und behandeln sie mit den uns zur Verfügung stehenden Mitteln auch der manuellen Medizin. Dann können wir nicht nur bei vielen Kindern die Diagnose relativieren, sondern auch zu einer Besserung des Entwicklungsbefundes kommen. Ohnehin ist es problematisch, eben alles, was schlußendlich – durch Physiotherapie oder Manualmedizin – gut geworden ist, aus der Diagnose Cerebralparese auszugliedern.

Man hat immer wieder Kinder, bei denen man im Stillen denkt „ob das wohl Sinn hat, hier die Wirbelsäule zu untersuchen?" Bei der Kontrolle einige Wochen später stellt man dann fest, daß es „einen Rucker gemacht hat", wie man auf schwäbisch sagen würde. Andererseits sind auch manchmal Kinder dazwischen, bei denen man sicher zu sein glaubt, etwas erreichen zu können, und das Ergebnis enttäuscht, um vielleicht beim zweiten oder dritten Anlauf einen Effekt zu erzielen. Diese Unsicherheit in der Diagnostik teilen wir uns aber mit anderen.

Die Idee, CP-Kinder zu behandeln, kam aus dem Vergleich ihrer Probleme mit dem KISS-Syndrom. Vor allem die Asymmetrie – die ja ein führendes Symptom der KISS ist – findet man bei den meisten CP-Kindern auch. Ich hatte hier immer mit dem Hintergedanken behandelt, daß ja nicht alles, was wie ein Hirnschaden aussieht, auch ein Hirnschaden sein muß. Wir können immer nur das sehen, was eine Auswirkung auf Wahrnehmung und/oder Bewegung hat, und dann vorsichtig rückschließen, woher ein bestimmtes Problem wahrscheinlich am ehesten herkommen könnte.

Bei vielen Schwierigkeiten von CP-Kindern weiß man – leider oder Gott sei Dank? – ja vorher nicht so genau, wo es eigentlich herkommt. Man weiß nur, daß ein recht symptomarmer Beginn einer oft sehr ausgedehnten Spätschädigung gegenüberstehen. Die Dynamik ist also in das Bild der CP förmlich hineinprogrammiert. Wenn mein Bauplan etwas verschmutzt und schlecht lesbar ist (durch den Hirnschaden bei Geburt z.B.), muß ich um so besser, sorgfältiger und phantasievoller am Bau selber arbeiten, um eben herauszuholen, was herauszuholen ist.

Das eine Elternpaar freut sich schon, wenn es mit seinem schwerbehinderten Kind überhaupt einen Blickkontakt bekommt, wenn das Kind einmal essen kann, ohne zu erbrechen. Beim anderen Kind geht es darum, ob sie je laufen können wird, und beim dritten schließlich um die Frage, wie gut er in der Schule zurechtkommt. Andere Ausgangspunkte, andere Erwartungen. Deshalb ist es so unglaublich schwierig, eine vernünftige statistische Auswertung vorzulegen, will man nicht einfach die Gegebenheiten zurechtbiegen.

Man sollte sich davor hüten, jede im Zeitraum nach einer Behandlung eingetretene Verbesserung der manuellen Behandlung zuzuschreiben. Andererseits kann aus der Tatsache, daß in den Monaten vor der Behandlung „nicht viel passiert ist" und danach schnell eine Änderung eintrat, wohl auf die Wirksamkeit der Methode geschlossen werden. Gerade dieses „Grundrauschen" macht es nötig, große Gruppen zu analysieren, um harte und verwendbare prognostische Daten zu gewinnen. Das Gebiet ist noch jung, erst langsam beginnen sich Konturen abzuzeichnen, und so ist zu hoffen, daß wir in zehn oder zwanzig Jahren mehr wissen werden.

Einiges läßt sich jetzt schon über die Manualtherapie als Begleitmethode der CP-Behandlung sagen:

- Ist die obere Extremität betroffen, verbessern sich die Auge-Hand-Koordination und damit die davon abhängigen Entwicklungsschritte.

- Stehen die Beine im Mittelpunkt des Problems, kann man in der Regel über eine Verminderung der Verspannungen im Kreuz und eine Verbesserung der Beckenstellung die Beine entspannen. Viele Spitzfußstellungen normalisieren sich dann.

- Kinder mit sehr schlaffer Haltung sind in ihrer Reaktion schwerer prognostizierbar: oft ist die Schlaffheit der Rumpf- und Atemmuskulatur fremdbestimmt, d.h. eine Reaktion auf die als Schonhaltung der Kopfgelenke eingenommene forcierte Kopfrückbeuge.

- Der Erfolg läßt sich nicht so schnell ablesen wie bei KISS-Kindern. Meist kann man erst nach dem dritten Behandeln einigermaßen vernünftig sagen, ob und wie viele Behandlungen sinnvoll sind. Bei der ersten Kontrolle sieht man manche Erfolge noch nicht, weil dies lange dauern kann, und zum anderen gibt es immer wieder Fälle, in denen die Angehörigen über eine Besserung berichten, weil sie eben daran glauben wollen.

- Diese Kinder müssen mehrmals behandelt werden. Bei reinen Kopfschmerzfällen zum Beispiel genügen meist eine oder maximal zwei Behandlungen, bei diesen Kindern, deren Grundproblem ja außerhalb unseres Einflußgebietes ist, muß man sich auf regelmäßige Behandlungen alle 2–6 Monate einrichten.

- Die Manualtherapie muß in ein stimmiges Gesamtkonzept eingebettet sein. Dieses wird von Fall zu Fall unterschiedlich ausgearbeitet werden müssen, in Abhängigkeit von den lokalen und familiären Gegebenheiten.

Ganz entscheidend ist das Alter der Kinder bei Behandlungsbeginn:

Es gibt keine Altersgrenze, ab der eine Manualtherapie nicht mehr sinnvoll ist. Andererseits muß man aber auch im Auge behalten, daß die Breiten- und Tiefenwirkung manueller Therapie – wie auch jeder anderen interaktiven Behandlungsformen – von der Entwicklungsphase des kleinen Patienten abhängt.

Ein Säugling vor der Vertikalisierung spricht ungleich sensibler auf die Behandlung an als nach dem zweiten Lebensjahr. Genügen bei Vier- oder Fünfjährigen noch drei oder vier Behandlungen, so muß man sich bei Kindern über zehn Jahren eher auf eine regelmäßige Begleitbehandlung einrichten, die dann alle sechs Wochen, oft auch nur alle 3–4 Monate nötig ist.

Eines der brauchbarsten Zeichen ist die Asymmetrie der Haltung. Sie kann als einseitige Einschränkung der Kopfbeweglichkeit, vor allem der Neigung, abgefragt werden. Ist dies noch ergänzt durch eine Tendenz zu starker Kopfrückbeuge, z.B. als Schlafhaltung, sollte man eine gezielte Therapie einleiten.

Setzt man voraus, daß in einem bestimmten Fall wirklich die Hirnschädigung im Mittelpunkt des Problems steht, stellt sich die Frage, wie ein Problem aus dem anderen folgt. Es ist ja nicht so, daß eben ein Teil des Zentralnervensystems wie auch immer geschädigt wurde und danach ein Funktionsausfall bleibt. Das hat man bei Hirnschäden Erwachsener, und auch da nicht völlig fixiert und unbehandelbar. Bei Kleinkindern muß und darf man bei der Beurteilung der Entwicklungsmöglichkeiten immer die enorme Plastizität des noch ausreifenden Zentralnervensystems als Positivum in die Überlegungen einbeziehen.

Wenn man über die Behandlung von Risikokindern spricht, denkt man oft an Infusionslösungen, an die modernen Inkubatoren und andere Geräte, die aus der Versorgung dieser „Frühchen" nicht mehr wegzudenken sind. Beim Vergleich verschiedener Behandlungsschemata kam es zu einem überraschenden Ergebnis: Der am besten mit dem Gedeihen korrelierbare Faktor aus der neonatologischen Betreuung war die regelmäßige Berührung, Massage, Umarmung der kleinen Krankenhausinsassen. Dies sollte man sich immer vor Augen halten, wenn man die eigenen – oder andere – Therapiekonzepte auf ihre Wirkung hin analysiert.

Mir fällt das Beispiel eines Vaters ein. Er hatte sein Kind bei einer neurophysiologisch versierten Kinderärztin vorgestellt. Die hatte das Baby nach den Regeln der Kunst mit den diversen Lagereflexen getestet und Abweichungen festgestellt. Daraufhin zeigte sie ihm VOJTA-Übungen, die er mit seinem Baby durchführen sollte.

Sechs Wochen später kam er wieder zur Kontrolle. Die Kollegin prüfte die Lagereflexe und Stellreaktionen in klassischer Weise, und das Kind hatte sich sehr ordentlich entwickelt. Sie lobte den Vater für seinen Einsatz und stellte weitere schnelle Fortschritte in Aussicht. „Ja, Frau Doktor", sagte der daraufhin, „das will ich wohl machen. Wissen Sie, ich fand Ihre Übungen mit dem ganzen Gedrücke ein bißchen langweilig. Da hab ich das Kind so hin- und hergedreht, wie Sie das auch eben gemacht haben, und das hat ja wohl gut geholfen…" Daß jetzt keiner glaube, damit sei dem therapeutischen Nihilismus das Wort geredet. Aber es tut immer gut, sich und seine (momentanen) Konzepte im Lichte solcher Anekdoten zu relativieren…

Wieviel Erfolg kommt dadurch, daß man sich regelmäßig und mit Konzentration und Liebe mit dem Kleinen befaßt? Wieviel ist einfach durch die Berührung, durch die Zuwendung mit all ihren Dimensionen erreicht? Und dann oben drauf noch die gut überlegte und gezielte Therapie, gerne – aber eben in Akzeptanz dieser wichtigen Rahmenbedingungen.

Erfahrungen eines Kinderneurologen

„Die Anwendung manualtherapeutischer Maßnahmen bei Kindern mit Cerebralparese:

…Die Erfahrungen daraus sind in etwa gleich zu bewerten wie die bei KISS-Kindern. Dies erstaunt eigentlich nicht, sind doch ihre Probleme mit dem Bewegungsapparat teilweise dieselben. Welches Kind mit einer Cerebralparese hat keine Symmetriestörung, nur beschränken sich die Schwierigkeiten nicht darauf und auf den Kopf/Halsbereich. Unabhängig von den durch mich durchgeführten Verlaufskontrollen, berichteten die Physiotherapeutinnen meist übereinstimmend unsere folgenden Erfahrungen.

Nach einer Manipulation, die meist sowohl den oberen wie den unteren Pol der Wirbelsäule einbezog, hatte sich der Muskeltonus der allesamt spastischen Kinder gesenkt. Die Kinder erfuhren neue Möglichkeiten durch ihre freiere Mobilität im Rumpfbereich. Beispielsweise hatte ein 6jähriger Knabe mit einer beinbetonten Tetraspastizität am Tage nach der Manipulation begonnen, sich auffällig zu räkeln. Dieser Knabe war vorher ausgesprochen blockiert im Bereich der Gliedergürtel. Hatten die Physiotherapeuten nicht die Möglichkeit, die Kinder innert 2–3 Wochen nach der Manipulation zu behandeln, haben sie „keine wesentliche Änderung" festgestellt. Bei allen Kindern wurde durch die Manualtherapie ein Symptom des Grundleidens behandelt, das Grundleiden selbst wirkte sich „unbeeinflußt" weiter aus. Somit war nach einigen Wochen (bei unseren Kindem jeweils nach ca. 4–5) der Effekt der Tonusregulation nicht mehr und derjenige der freieren Beweglichkeit vermindert nachweisbar. Verschiedene Kinder wurden mehrmals behandelt. Bei ihnen war mit der Zeit ein weiterer Fortschritt in der Bewegungs- und vor allem Haltungs-

kontrolle feststellbar. Bei diesen Kindern hatte sich in der vorangehenden Zeit diesbezüglich eine Stagnation eingestellt.

Besonders auffallend war die verbesserte Streckung, die zu einer physiologischeren aufrechten Haltung führte. In der Kürze der Beobachtungszeit – bei cerebralparetischen Kindern etwa 1 Jahr – konnten weitere Auswirkungen solcher Fortschritte noch nicht erfaßt werden. Doch kann man sich vorstellen, daß solche Verbesserungen der Haltungskontrolle sich beispielsweise auch auf die Entwicklung der Hüftgelenke auswirken, was seinerseits die orthopädische Karriere des Kindes (günstig) beeinflussen könnte. Damit sei auch hier betont, daß die Auswirkungen manualmedizinischer Behandlungen verschiedene Stadien zeigt. Sofort sicht- und spürbar sind die freiere Beweglichkeit und der normalere Muskeltonus, etwas längere Zeit braucht das Kind bis es mit diesen neuen Möglichkeiten etwas „anzufangen" weiß und dies dann im Alltag umsetzen kann. Hier braucht es die Physiotherapeutinnen, die es dabei (an-)leiten.

Wie Biedermann immer wieder betont, kann die Manualtherapie bei Cerebralparese nur eine ergänzende Behandlungsmethode sein, die allerdings Tore in der konventionellen BOBATH- oder VOJTA-Therapie öffnet, die sich häufig mit fortschreitendem Alter der Patienten allmählich schließen.

Wir glauben in unserem Team, durch die Manualtherapie die Qualität unserer Therapiebemühungen verbessert zu haben. Der Feedback durch die Eltern, die durchwegs zufrieden waren, motiviert uns den neu begonnen Weg weiterzugehen und diese Behandlungsmöglichkeit im Repertoire zu behalten beziehungsweise entsprechende Therapiemöglichkeiten zu vermitteln. Damit kann die Therapie einen Erfolg bewirken, der bei weitem mehr bedeutet als die für Schiefhals geltende Prognose, „das wächst sich sowieso aus". Unsere Beobachtungen beinhalten aber auch Hoffnungen in der Behandlung cerebralparetischer Kinder, die genährt durch die beschriebenen Lichtblicke, noch zu bestätigen sind."[2]

3.5 Spätfolgen des KISS-Syndroms

Über das, was nach der Altersgruppe der KISS-Kinder kommt, wird an anderer Stelle zu berichten sein. Es würde den Rahmen dieses Buches sprengen, wenn man schon hier versuchte, auch dieses große Gebiet gründlich zu behandeln. Daß es aber einen engen Zusammenhang zwischen den Problemen dieser beiden Altersgruppen gibt, sei hier an einigen Beispielen erläutert.

Plattfußindianer

Diesen Spitznamen habe ein wenig mitfühlender Bruder ihm gegeben, berichtete die Mutter, als sie ihren Sprößling bei mir vorstellte. Ich weiß heute gar nicht mehr, wie sie auf die Idee gekommen war, zu mir zu kommen, denn eigentlich ist es eher sel-

---

[2] Dr. THEILER, ehem. Oberarzt am Kinderspital Zürich (Uniklinik), mit dem ich die letzten zwei Jahre zusammengearbeitet habe. Seine Erfahrungen stimmen nicht 100 % mit meinen überein (so habe ich meist längere Behandlungsintervalle), aber im Kern sind wir einer Meinung.

ten, daß Kinder wegen ihrer Füße bei uns vorgestellt werden. Solches kommt meist nur am Rande zur Sprache. Viel häufiger kommen Kinder, die „dauernd hinfallen" – „Über den großen Unkel laufen" – „Ihre Schuhe ganz schief ablaufen" etc. Den Eltern fällt auf, daß es mit dem Gehen nicht so hinhaut. In der Regel werden dann einige Etappen durchlaufen, bis die kleinen Patienten bei uns ankommen. Aber bleiben wir erst einmal bei unserem „Plattfußindianer". Wir wollen ihn Tom nennen.

Beispiel 11: Tom war zwischen seinen beiden Geschwistern nicht besonders aufgefallen (wenn ich sehe, wie mich mein einziger Sprößling beschäftigen kann, bewundere ich sowieso Eltern mit mehreren Kindern...). Eines Tages fragte die Mutter im Kindergarten nach, woher sich Tom denn den x-ten blauen Fleck am Schienbein geholt habe. „Kein Wunder bei Tom", entgegnete die Kindergärtnerin, „der fällt ja noch mehr hin wie die anderen Vierjährigen in seiner Gruppe. Haben Sie seine Plattfüße nicht gesehen?"

Nach diesem Hinweis habe sie ihre drei Sprößlinge nebeneinandergestellt und tatsächlich gesehen, daß ihr mittlerer doch anders dastehe als seine beiden Geschwister, berichtete mir die Mutter. Sie sei dann mit ihm zum Kinderarzt und schließlich zum Orthopäden gegangen. Der habe ihm Einlagen verordnet. Das habe nichts geholfen, Tom sei danach genauso viel gestolpert wie vorher, nur seinen Spitznamen in der Familie habe er weg gehabt. Schließlich schickte der Orthopäde den Jungen in seiner Verzweiflung zur Krankengymnastik.

Nachdem er zwei Monate geturnt habe, sei es auch besser geworden mit dem Laufen. Die Mutter war's aber nicht zufrieden, zumal keine Klarheit da war, ob man jetzt die Einlagen brauche oder nicht. Da habe sie von ihrer Physiotherapeutin den Vorschlag bekommen, Tom bei uns vorzustellen.

Bei der Untersuchung des viereinhalbjährigen Jungen schaute ich ihn mir erst einmal in voller Montur an. Er stand recht gerade da, auch die Kopfhaltung war gut. Beim Ausziehen sah man schon etwas besser, wie er den Bauch nach vorn drückte und so im Hohlkreuz stand. Dadurch drehen sich die Beine nach innen. Die Füße stehen dann so da, daß sich die großen Zehen fast berühren und die Fersen auseinander sind. Jeder kann selbst probieren, wie durch das Nach-vorne-Kippen des Beckens diese Kettenreaktion in Gang gesetzt wird.

Dann allerdings kommt es dazu, daß die Sprunggelenke nach innen kippen. So erhält man einen Knick-Senkfuß. Vom Fuß aus gesehen war die Verordnung einer Einlage also logisch.

Man erwartet dann, ein Problem am Hals zu finden, wie das ganz häufig der Fall ist. Nun, Tom tat mir nicht den Gefallen. Er hatte „nur" eine Blockierung des Kreuz-Darmbeingelenks, d.h. der Verbindung zwischen Lendenwirbelsäule und Becken. Diese war aber recht massiv, so daß es bei der Lösung der Blockierung ganz schön „rumpelte". Die Mutter zuckte etwas zusammen, als sie das Geräusch hörte, war aber schnell beruhigt, nachdem sie sah, daß Tom keine Schmerzen äußerte.

Ich war skeptisch, ob diese Behandlung reichen würde, schlug aber vor, die Einlagen sechs Wochen wegzulassen und dann wiederzukommen.

Bei der Kontrolle (Sie ahnen es schon) war eitel Freude. „Der Junge lief nach einer Woche viel besser, auch ohne die Einlagen", berichtete die Mutter. Das Ganze ist nun über ein Jahr her, und ein Kontrollanruf aus Anlaß dieses Buches ergab anhaltende Besserung. Nur seinen Spitznamen ist er wohl nicht losgeworden…

Wir verordnen ganz selten Einlagen, es sei denn bei Kindern mit Klumpfuß oder Erwachsenen mit schweren, nicht therapierbaren oder inoperablen Fußdeformitäten. Ansonsten streben wir immer danach, „hinter den Plattfuß zu schauen", also die eigentliche Ursache zu beseitigen, und nicht beim Symptom Plattfuß stehenzubleiben.

Doch nicht alles paßt ins gleiche Schema. Auch dafür ein kurzes Fallbeispiel:

Beispiel 12: Fred war unglücklich, das merkte man schon, wenn der Sechsjährige ins Zimmer kam. Unbeholfen und linkisch ließ er sich von der Mutter hereinzerren, schaute mich nicht an, verdrückte sich halb hinter die vor mir sitzende Mutter und stand da wie ein Kleiderständer, dem die Textilien achtlos übergeworfen worden waren.

Er war bei der Schul-Eingangsuntersuchung wegen „seiner Haltung" aufgefallen, was immer das bedeuten mochte. Die Vorstellung beim Orthopäden hatte nichts gebracht, und so kam er – wer ihn geschickt hatte, weiß ich nicht mehr – eines Tages bei mir an.

Die Untersuchung der Wirbelsäule zeigte einige Kleinigkeiten, aber nichts Massives. Als ich den Jungen so vor mir stehen sah, fiel mir sein kleiner Blähbauch auf. Wie eine Trommel, wie ein „verschluckter Fußball" (so die Mutter) sah das aus. Man hatte den Eindruck, daß er gar nicht anders konnte, als im Hohlkreuz dazustehen.

Beim Auskultieren (Abklopfen) konnte man gut hören, daß viel Luft in dem kleinen Bauch war. Ich gab der Mutter nur ein Rezept zur Beeinflussung der Darmflora mit.

Drei Monate später kam er wieder. Haltung und Bauch waren normal „und der ewige Schnupfen hat auch aufgehört" berichtete die Mutter. Wir wollen uns hier nicht in den Weiten der Kinderheilkunde verlieren. Mit diesem kleinen Beispiel soll nur gezeigt werden, daß eben nicht alles auf eine Ursache reduziert werden kann. Dazu weiter unten mehr (vgl. Kap. 3.10).

Kindergarten-Terroristen

Hier sei von zwei Kindern berichtet, deren Entwicklung sich gekreuzt hat. Bei beiden standen die Probleme im Umgang mit den Altersgenossen und Betreuern im Kindergarten und der Grundschule im Vordergrund. Zuerst ein längeres Zitat aus einem Brief, den mir eine Mutter dankenswerterweise zur Verfügung stellte.

Beispiel 13: „*Schon im Krankenhaus machte mich meine Mutter darauf aufmerksam, daß mit der Kopfhaltung meines Sohnes etwas nicht stimmte. Er drückte auch beim Fläschchengeben den Kopf mit aller Macht nach hinten, so daß man seine ganze Kraft benötigte, um mit dem Arm gegenzusteuern. Bei der U4 Untersuchung (3.–4. Monat) sprach ich unseren Kinderarzt darauf an. Es wurde eine großbogige linksseitige Skoliosehaltung festgestellt, und wir gingen etliche Monate 2–3 mal wöchentlich zur Krankengymnastik. Dann war dieser Schaden behoben.*

Was immer ganz extrem bei Ingo auffiel war, daß er unheimlich viel geschlafen hat. Er wurde nur zu den Mahlzeiten wach und schlief beim Saubermachen schon fast wieder ein. Bis zum vierten Lebensjahr hat er tagsüber in der Regel noch 2 Stunden Mittagschlaf gehalten und brauchte auch mindestens noch 12 Stunden Nachtruhe. Als Ingo ca. 2½ Jahre alt war, sind wir in eine Spielkreisgruppe gegangen, damit er Kontakt zu anderen Kindern in seinem Alter bekam...

Im Spielkreis wurde dann auffällig, daß Ingo anders war als andere Kinder. Er konnte sich schlecht einfügen und fand auch keinen Kontakt zu den anderen Kindern. Er haute auch einfach und ohne Grund urplötzlich die anderen Kinder. Da fing die schwierige Zeit schon an.

Als Ingo mit knapp 5 Jahren in den Kindergarten kam ging es weiter. Er fand keinen Anschluß und verweigerte die Sachen, die er machen sollte. Ich habe mehrfach den Kinderarzt um Rat gefragt, der meinte, das würde sich geben. Dazu kam noch, daß Ingo Bettnässer war und ist und auch tagsüber nur mit Mühe und Not trocken wurde.

Nach ein paar Monaten sprach mich die Kindergärtnerin darauf an, daß die Motorik bei Ingo nicht in Ordnung sei und die Feinmotorik auch nicht stimme. Bei der U9 (5 Jahre) stellten sich zusätzlich noch Sprachstörungen heraus, und es wurde endlich aufgenommen, daß wir über die Entwicklung von Ingo besorgt sind.

Für die Motorik wurde wieder Krankengymnastik angeordnet und gleichzeitig gingen wir zur Sprachtherapie (jeweils für ca. 1 Jahr).

Was das soziale Verhalten von Ingo betraf, suchte ich eine Familienberatungsstelle der AWO auf. Wir sind regelmäßig hingegangen, aber gebracht hat es nichts. Nachdem ich wieder beim Kinderarzt vorsprach, verwies dieser mich an das Gesundheitsamt und befürwortete eine Heilpädagogik.

Ingo ist sehr gerne dorthin gegangen, nur eine wesentliche Veränderung seines sozialen Verhaltens hat es nicht ergeben. Er hat weiterhin die meisten Sachen verweigert und wurde daraufhin auch von der Schule für ein weiteres Jahr zurückgestellt...

Als er eingeschult wurde, habe ich kurze Zeit später ein ganz offenes Gespräch mit der Lehrerin geführt, da er im Unterricht laufend gestört hat und sich auch weiterhin verweigerte. Seit er 7½ Jahre alt war, war ich mit ihm beim Kinderpsychologen in Behandlung. Dort bekamen wir unter anderem eine Ganzkörpermassage verordnet, was wir auch einige Monate durchgeführt haben. Zwischenzeitlich war ich mit ihm in der Kinderklinik, wo ein EEG angefertigt wurde und Ingo auf Hyperaktivität untersucht wurde. Eine zusätzliche Untersuchung erfolgte dann auch noch an der Schilddrüse.

Der Kernpunkt der Ursache wurde aber bis zu diesem Zeitpunkt nicht gefunden. Schlimm waren während dieser Zeit die manchmal 2–3maligen Anrufe der Lehrerin und die Anfeindung und Schuldzuweisungen innerhalb der eigenen Familie. Ingo entwickelte sich in dieser Zeit auch wieder zum Bettnässer, auch tagsüber in der Schule.

Nachdem ich dann ganz rigoros den Kontakt zu einem Teil der Familie abgebrochen habe und die Lehrerin mit zu einem Gespräch beim Kinderpsychologen war, besserte sich die Lage etwas. Meine Freundin gab mir dann den Rat, mit Ingo zur Kinästetik zu gehen, um zu sehen, ob man mir dort konkret helfen könne. Dann gab mir eine gute Bekannte, die Krankengymnastin ist, den Rat, doch mit ihm zur Chirotherapie zu gehen..."

Daraufhin kam der Junge zu mir und wurde zweimal im Abstand von vier Wochen behandelt.

„... Ich muß sagen, daß ich zu diesem Zeitpunkt sehr skeptisch war, und mir nicht vorstellen konnte, daß die jahrelangen Laufereien und Qualen nun endlich ein Ende haben sollten.

Die ersten Erfolge bemerkten wir aber schon während der Sommerferien. Nachdem Ingo mittlerweile erfolglos 3 Schwimmkurse absolviert hatte, machte er in den Sommerferien innerhalb nur einer Woche 2 Schwimmabzeichen. Beim bronzenen Schwimmabzeichen ist es ihm schwergefallen, 15 Minuten ohne Pause zu schwimmen, aber er hat durchgehalten (das war vorher undenkbar, da hätte er alles hingeschmissen).

Als dann Anfang August die Schule wieder anfing, hatte er nach ca. 2 Wochen wieder einen absoluten Tiefpunkt und verweigerte sich wieder und hatte panische Angst. Wir waren in der Zeit drauf und dran, mit ihm einen Schulwechsel vorzunehmen, von dem uns von zwei verschiedenen Seiten dringend abgeraten wurde. Wir wußten aber nicht, wie wir ihm seine Angst nehmen könnten...

Wir haben festgestellt, daß seit der Wirbel eingerenkt wurde und seine Angst weg war, ein völlig anderer Junge zum Vorschein kam.

Es ist fantastisch. Ingo traut sich viel mehr zu, entwickelt endlich Selbstvertrauen und Selbstbewußtsein. Bestes Beispiel: An der Schule wurde eine Projektwoche durchgeführt. Motto: Zirkus von Kindern für Kinder. Die Kinder waren vormittags im Zirkus und haben etwas einstudiert und abends war dann die Vorstellung. Ingo hat voll mitgemacht und es auch abends vorgeführt, das war vor ihrer Behandlung undenkbar.

Im November war Elternsprechtag, und ich meinte so zu unserem Sohn, ich würde mir jetzt mal anhören, was er alles für einen Blödsinn verzapft hätte. Sein Kommentar: „Wieso? Die Lehrerin wird Dir sowieso nur sagen, daß ich lieb bin".

Etwas skeptisch bin ich dann zum Elternsprechtag gegangen und habe wirklich ein Loblied zu hören bekommen: Ingo verweigert sich nicht mehr, er träumt nur noch ganz selten, er arbeitet mit, auch wenn er sich nicht meldet und drangenommen wird, weiß er Bescheid und kann es.

Wenn er tatsächlich etwas nicht versteht, sagt er es jetzt und fragt nach und bittet darum es ihm noch einmal zu erklären. Den Hunderter-Zahlenraum hat er voll erschlossen und begriffen. Beim Sport macht er auch alles mit und ist in seinem sozialen Verhalten nicht mehr isoliert. Die Kinder lassen ihn mitspielen und er paßt sich an. Das sind alles Sachen, die vor Ihrer Behandlung undenkbar waren und auch nie stattgefunden haben...

Als ich beim Kinderpsychologen erklärt habe, daß ich mit Ingo beim Chiroptherapeuten war und dies nun die Ursache unserer langjährigen Qualen war, bekam ich zur Antwort, daß man seit nunmehr zwei Jahren zur Ansicht gekommen wäre, daß die Wirbel auch zur Entwicklung beitragen würden.

Ehrlich gesagt, ich war sprachlos. Nachdem ich also ca. 1½ Jahre dort in Behandlung war mit ihm und von mir aus so viel unternommen hatte, um die Ursache zu finden, bekam ich so etwas zu hören.

Stand der Dinge November 1995: Momentan noch alle zwei Wochen Kinästetik zum Aufbau und zur Unterstützung für das Selbstwertgefühl und das Selbstvertrauen. Sämtliche anderen Therapien und Arztbesuche sind hinfällig. Kommentar unseres Sohnes neuerdings: „Kann ich doch – geht doch ganz einfach."

Ein Fall von dutzenden; nicht alle so erfolgreich, und nicht alle so gut von der Mutter zusammengefaßt. Gleich im Anschluß ein anderer Fall, bei dem die Schwierigkeiten im Kindergarten erst durch meine Behandlung kamen:

Beispiel 14: Vor einigen Jahren kam der kleine Jan zu uns zur Behandlung. Er war schon seit längerem wegen verzögerter Entwicklung seiner Wahrnehmung in krankengymnastischer Behandlung, und dabei war der Physiotherapeutin aufgefallen, daß er seine beiden Arme nicht gleich benutzte, sondern den linken Arm deutlich weniger einsetzte.

Aus diesem Grund schickte sie das Kind zu uns. Jan war zu diesem Zeitpunkt vier Jahre alt. Er galt im Kindergarten als besonders scheu und ängstlich, aber auch als unkonzentriert und schwer erreichbar. Es kam vor, daß man ihn rief, er aber einfach nicht reagierte. Beim Spielen war er oft unbeholfen.

All dies erzählte die Mutter bei der Erstvorstellung; auch daß Jan als Baby „ziemlich krumm gewesen ist" berichtete sie. Bei der Untersuchung fanden wir die Reste einer KISS-Problematik: die Beweglichkeit des Halses war eingeschränkt, das Röntgenbild sah entsprechend aus und wenn man bei Jan den Hals untersuchen wollte, kam es auf der rechten Seite zu wütenden Abwehrreaktionen.

Ich behandelte ihn, was in diesem Alter immer mit einer recht handfesten Auseinandersetzung verbunden ist. In einem vergleichbaren Fall hatte mir eine zuschauende und sichtlich entnervte Mutter nachher gesagt „Ich hab nur gesehen, wie sie mit meiner Tochter Ringkampf gemacht haben. Daß Sie sie dabei untersucht oder gar behandelt haben, kann ich mir nicht vorstellen".

Nun, bei Jan war das nicht anders. Man sieht das immer an dem leicht vorwurfsvollen Blick der Eltern beim Rausgehen. Die denken dann meist, daß es wohl ein Fehler war, ihren geliebten Sprößling dem groben Schwaben anvertraut zu haben… Man kann aber fast sagen, daß ein einfach zu behandelnder Vierjähriger meist gar keine Manualtherapie brauchte. Gerade die massive Abwehr, sich am Hals behandeln zu lassen, ist ein ganz starker Hinweis darauf, daß da etwas im Argen liegt.

Die Behandlung bei Jan war also in der oben beschriebenen Weise dramatisch, aber technisch durchaus nicht schwierig. Man weiß aber unmittelbar nach solch einer Therapie nie genau, was es gebracht hat. Das dauert acht bis vierzehn Tage. In dieser Zeit kommen wieder Dutzende anderer Kinder, und man vergißt die Behandlung von Jan wie die der anderen.

Als dann nach drei Wochen eine Kindergärtnerin anrief und mich wegen Jan sprechen wollte, hatte ich Schwierigkeiten, mich an ihn zu erinnern. Erst der Blick auf die Krankenakte half weiter.

„Was gibts mit Jan?" fragte ich.

„Sie müssen irgend etwas mit ihm gemacht haben", erwiderte die Kindergärtnerin, „In der Woche nachdem er bei Ihnen war, fing er an, sich total zu verändern. Früher hat er immer einstecken müssen, und sich nie gewehrt. Er hat immer nur gesagt – „Mein Papa ist bei der Polizei, und den hol ich, wenn ihr mich nicht in Ruhe laßt" – aber das hat den anderen natürlich nicht lange imponiert. In letzter Zeit geht er nun auf die anderen Kinder zu und haut ihnen eine runter, kratzt und tritt. Der ganze Kindergarten ist durcheinander!"

„Er wird wohl alte Rechnungen begleichen", antwortete ich, „Kinder erinnern sich ja sehr gut, wer sie geärgert hat, und wenn er sich jetzt sicherer fühlt, haut er ihnen halt eine runter, statt auf seinen Vater zu hoffen. Warten Sie ein paar Wochen ab, das wird sich legen."

Ich notierte mir die Nummer des Kindergartens und rief zwei Monate später wieder an. Anfangs wußte die Kindergärtnerin dann gar nicht, was ich von ihr wollte. Erst nach einigem Erklären rief sie „Ach ja, nun erinnerte ich mich! Aber das ist schon wieder so lange her, und in der Zwischenzeit hab ich ganz andere Probleme. Mit Jan hat sich das in den Wochen danach langsam gelegt. Aber verhauen wie früher wird er nicht mehr."

Seit diesem ersten Erlebnis haben wir Ähnliches bei vielen Kindern in dieser Altersstufe erlebt. Wenn der Bremsklotz ihrer Bewegungskontrolle weggenommen wird, können sie ganz anders, und das hat Auswirkungen bis ins Sozialverhalten. Nachdem es in den letzten zehn Jahren gelungen ist, die erfolgreiche Behandlung der Asymmetrie bei Babies bekannt zu machen, werden wir vielleicht wieder zehn Jahre brauchen, bis sich diese Behandlungsmöglichkeit bei „schwierigen" Kindern herumgesprochen hat.

Der eine schaut sie als POS (Psycho-Organisches Syndrom) an, der andere spricht von MCD (Minimal Cerebral Damage = minimaler Hirnschaden), der dritte nennt"s ADD (Attention Deficit Disorder), der vierte SMD (Senso-Motorische Diskybernese) und kommt damit unserer Denkweise noch am nächsten.

Nicht allen diesen Kindern kann Manualtherapie allein helfen. Beim einen macht sie die Hälfte des Behandlungserfolges aus, beim anderen nur ein Viertel oder weniger. Aber bei dem geringen Aufwand, dem man dafür treiben muß, lohnt sich allemal ein Versuch, zumal die anderen Therapien dann meist einfacher und schneller greifen.

Dann wird aus dem Mauerblümchen vorübergehend ein Kindergartenterrorist. Das geht vorüber, und am Schluß kommt ein Kind zum Vorschein, das mit seinen kleinen Füßen stabiler im Leben steht als vorher.

Erfahrungen einer Ergotherapeutin

Diese drei Kurzberichte hat mir eine Ergotherapeutin zur Verfügung gestellt, die einige der Kinder vor und nach unserer Behandlung betreute.

„Seit nun mehr als zwanzig Jahren befasse ich mich mit dem Thema, warum normal begabte, oft sogar hochbegabte Kinder nicht in der Lage sind, wie Gleichaltrige die von ihnen erwarteten schulischen Leistungen zu erbringen. Im Rahmen eines rie-

sigen Kataloges von Hemmnissen stießen wir (eine Gruppe von Lehrtherapeuten) auf ein Phänomen besonderer Art: Durch einen Stimmgabeltest (nach Dr. C. Volf) fiel uns auf, daß bei einigen Kindern im Rückenbereich Schwingungen nicht wie gewohnt verarbeitet wurden. All unsere Bemühungen, ihnen zu helfen, waren sehr mühsam oder nicht anhaltend. In Dänemark werden solche Kinder dann dem Chiropraktor vorgestellt.

Ich möchte hier von einigen Fällen berichten:

● *Achtjähriges Mädchen im zweiten Schuljahr, Kind von Lehrern, sollte in eine Schule für Lernbehinderte eingegliedert werden. Die Mutter stellt mir dieses Kind vor; ein zartes, durchscheinendes Mädchen mit großen, ängstlichen, wachen Augen sah mich erwartungsvoll an. Auf meine Frage nach der Schule und ob es viele Hausaufgaben machen müsse kam die Antwort: „Immer wenn ich am Schreibtisch sitze und den Kopf nach vorne neige macht es Knack, und ich habe das Gefühl im Kopf ist Wasser. Oft habe ich dann noch länger Kopfschmerzen."*
Die Eltern fürchteten, daß das Kind aus Faulheit oder Unfähigkeit simuliert.
Dieses Kind war nach einer dreitägigen Geburt zur Welt gekommen, schließlich mit Kaiserschnitt, da der Kopf im Geburtskanal festsaß. Für mich war in diesem Fall kein Ansatzpunkt, dem Kind zu helfen. Sie wurde einmal manualtherapeutisch behandelt und konnte 14 Tage später in der Schule die gewünschten Leistungen erbringen. Sie konnte nun ohne irgendwelche Nachhilfe den Weg durch die Schule gehen.

● *Ein zehnjähriges Mädchen in der dritten Schulklasse, spät eingeschult (sie hatte auch das erste Schuljahr wiederholt) wird mir vorgestellt. Es gab viele innerfamiliäre Probleme, die zu Lernschwierigkeiten führen können. Das Mädchen war jedoch frei von Angst und hatte wache blaue Augen. Mir fiel sofort die starke Gesichtsasymmetrie und die Kieferfehlstellung auf. Als Einjähriges hatte sie eine Hirnhautreizung gehabt und im Kleinkindalter zwei schwere Stürze erlitten. Deshalb bat ich den Kinderarzt, craniosacrale Therapie zu verordnen. Die Therapeutin stellte ein Problem der oberen Halswirbelsäule fest und veranlaßte eine manualtherapeutische Behandlung. Erst danach machte sie schnell Fortschritte. Der durchschlagende Erfolg bei den Zensuren war für alle Beteiligten hocherfreulich.*

● *Der elfjährige Junge war nach dem Wechsel auf das Gymnasium nicht in der Lage, sich dem Leistungsniveau zu nähern, das er in der Grundschule erreicht hatte. Bei der Suche nach den Ursachen war der Hinweis auf Geburtskomplikationen eine Erklärung für das ungewöhnliche Stimmgabelmuster im Rückenbereich. Eine manualtherapeutische Behandlung führte dazu, daß der Junge locker und selbstverständlich seine Leistungen bringen konnte."*

3.6 Viel hilft viel?

In einer Zeit, wo Gynäkologen Sechzigjährigen die Embryonen ihrer Töchter implantieren, in der ein Michael Jackson während zehn Jahren zu blütenweißer Haut kam und scheinbar mangelnden Rundungen mit Silikon nachgeholfen wird, vergißt man gern, daß immer noch die Medizin des Menschen Maß hat. Wir können nicht alles erzwingen, was wir uns wünschen, auch wenn wir noch so viele Mittel einsetzen.

Je schlechter der Schütze, um so gröber der Schrot, könnte man vielleicht sagen; mangelnde Präzision bei Untersuchung und Therapie wird immer wieder in der Medizin durch ein zu viel an Aufwand zu verdecken versucht. Man denke an die zahllosen CTs und Kernspinaufnahmen, die nur angefertigt werden, weil man eben nicht weiter weiß (und fast immer nachher auch nicht schlauer ist).

Nicht zuletzt als Reaktion auf die von etlichen Seiten angebotenen „Intensivtherapien" mit z.T. wochenlanger stationärer Behandlung der Kinder ist viel Unruhe unter die Eltern behinderter Kinder gekommen, von den Auftritten diplomierter Wunderheiler in gewissen TV-Shows ganz abgesehen.

Nun fordert gerade die Betreuung von behinderten Kindern – noch mehr als andere heilberufliche Gebiete – ein Höchstmaß von ethischem Rückgrat von den Behandlern: Wir wissen alle, daß die Eltern eines schwer kranken Kindes ihr letztes Hemd hergeben, um nur ihrem Kind zu helfen. Sie sind bereit, Schulden zu machen, weite Reisen zu organisieren und im Extremfall ihre anderen Kinder zu vernachlässigen, wenn auch nur ein Silberstreif am Horizont sichtbar zu sein scheint. Die Presse macht da natürlich mit; es ist immer attraktiver, eine Wunderheilung in den Karpaten anzupreisen als über die tägliche Kleinarbeit zu Hause zu berichten.

Man sollte nicht das Kind mit dem Bade ausschütten und gar sagen: „die Remission verläuft spontan und kann nicht durch ein Überangebot an Therapie beschleunigt werden", wie das kürzlich in einer kritischen Veröffentlichung geschah. Die Warnung vor dem Zuviel ist aber vor dem Hintergrund einer sich wandelnden Szene wichtig. Wurde man vor zehn Jahren noch in Bausch und Bogen verteufelt, wenn man die Manualtherapie als Partner bei der Behandlung von CP-Kindern ins Spiel bringen wollte, ist das Pendel heute umgeschlagen, und viele derer, die dies noch vor kurzem wütend bekämpften, „haben das selbstverständlich auch im Repertoire". Dann wird aber oft zu häufig, zu stark und zu stationär behandelt.

Um es hier ganz klar zu sagen: Im Deutschland der neunziger Jahre kann man ein behindertes Kind fast immer zu Hause behandeln, wenn die pflegerische Basis gegeben ist und nicht andere Argumente für die Versorgung z.B. in einem Internat sprechen. Weder ist es nötig, mit ihm innerhalb der Bundesrepublik in „Spezialkliniken" zu gehen, noch gar wochenlang ins Ausland zu fahren. Es kann richtig sein, spezialisierte Zentren zur Therapieplanung aufzusuchen, gewisse Behandlungen ambulant auch weiter weg vom Heimatort vornehmen zu lassen. Die Versorgung mit Physiotherapeuten ist aber inzwischen in Deutschland flächendeckend gut, vielleicht von einigen dünn besiedelten Randgebieten abgesehen.

Die tägliche Basisbehandlung, eingebettet in den Familienalltag, kann fast immer zu Hause und ohne allzuviel Aufwand für die Beteiligten realisiert werden. Davon unberührt bleibt die Tatsache, daß wir viel mehr an die chronisch geforderten Mütter denken müssen. Ihnen durch eine entsprechende Kur zu helfen wird allzuoft vergessen, bis es dann zum Zusammenbruch kommt.

Unsere Behandlung Dutzender von CP-Kindern hat gezeigt, daß eine *ärztliche Manualtherapie* in der Regel nur alle 4–12 Wochen nötig ist, wenn die Basis-Krankengymnastik gewährleistet ist. Hier ist sicher ein Raum für Diskussionen. Wer aber

Kinder unter vier Jahren täglich oder mehrmals wöchentlich manuell behandelt, begeht meines Erachtens einen Kunstfehler. Das muß man so hart ausdrücken, da es nicht eine Ermessensfrage ist. Wird ein (Klein-)Kind mit einer an sich guten Technik zu häufig therapiert, schlägt deren Effekt ins Gegenteil um. Aus der bisherigen statistischen Auswertung unserer Fälle hat sich eindeutig gezeigt, daß eine Besserung nach manueller Behandlung durch uns oft erst nach einigen Tagen oder gar nach 1–2 Wochen manifest wurde. Wenn in dieser Phase weiter behandelt wird, führt dies zu Verschlechterungen.

Dies ist auch der Grund, warum eine Physiotherapie direkt nach unserer Behandlung – von seltenen Ausnahmen abgesehen – nicht zu empfehlen ist. Auch bei VOJTA-Techniken wird die Wirbelsäule intensiv mit ins Behandlungskonzept einbezogen und eine ungestörte Verarbeitung des manuellen Impulses erschwert.

Je jünger ein Patient ist, desto strikter gilt diese Regel, und ganz allgemein kann nur vor dem *Viel hilft Viel!* gewarnt werden. Wer meint, er tut seinem Patienten etwas Gutes, wenn er manuelle Therapie, Akupunktur, Physiotherapie aller Schattierungen, dann vielleicht noch ein bißchen proprizeptives Training mit Bürstenmassage, Ergo-, Logo- und Hippotherapie kombinieren muß, um zum Ziel zu kommen, wird dieses im Dickicht der Behandlungstermine aus dem Auge verlieren[3].

Unsere kleinen Patienten brauchen Liebe, Zuwendung und Schmusen – so viel wie möglich. Aber das können wir Ärzte ihnen nicht geben, das machen die Eltern oder andere, die ihnen zu Hause nahestehen. Wir werden nicht das Schiff in ein neues Fahrwasser stemmen, sondern ein bißchen am Steuer drehen, und dann eben warten müssen, bis sich dieser Steuerimpuls in eine Richtungsänderung verwandelt hat.

„Sie müssen mit Ihrem Kind bis zum Abschluß des Wachstums Physiotherapie machen" wird zum Beispiel Eltern (oder ehrlicher: Müttern) von CP- oder Skoliosekindern gesagt. Natürlich stimmt das, und natürlich ist es gut, „am Ball zu bleiben". aber man darf die Latte auch nicht zu hoch legen. Wieviel kann man der Mutter, wieviel dem Kind zumuten? Wann wird einfach abgeschaltet, wann wird vom fleißigen Üben berichtet, und zu Hause läuft eine gelangweilte Routine ohne jeden Effekt ab?

Man sollte immer versuchen, die Kraft desjenigen, der zu Hause die Hauptlast der Behandlung zu tragen hat, im Auge zu behalten. Neben dem behinderten Kind gibt es oft noch „normale" Kinder, die nicht an den Rand gedrängt werden sollten. Eine ganze Familie muß ja mit dem Problem fertigwerden, und dieses Problem wiegt mit den Jahren immer schwerer, in des Wortes eigentlicher Bedeutung.

Wenn man aber nur eine Kleinigkeit für die Kinder und die sie Betreuenden herausholt, ist die eine Behandlung alle paar Monate wohl gerechtfertigt. Aber man muß in jedem Einzelfall prüfen, welche Therapieform für das einzelne Kind optimal ist. Es gibt durchaus Fälle, bei denen die manuelle Therapie so wenig ausrichten kann, daß ich die Behandlung nach dem dritten oder vierten Versuch abbreche.

---

[3] Laien mögen mir diese Häufung von Fachbegiffen bitte nachsehen; wen es angeht, der wird es verstehen.

Gerade der relativ geringe Aufwand manueller Therapie läßt uns die Indikation weit fassen: zwei Behandlungstermine im Abstand von acht Wochen sind die Regel, und außer den Röntgenaufnahmen der Wirbelsäule (meist genügt es zu Anfang, die HWS zu röntgen) muß kaum komplizierte Diagnostik getrieben werden. Wenn man dann bei der Kontrolle die Auswertung der ersten Behandlung vornimmt und den klinischen Befund, die Berichte der Familie und der Physiotherapeuten bzw. Kinderärzte zuzieht, kann man recht schnell beurteilen, bei welchen Kindern sich die Fortsetzung der Behandlung lohnt.

3.7 Risikoabwägung beim Röntgen

Eine der wichtigsten Informationsquellen für eine exakte Diagnose und eine gezielte Behandlung ist das Röntgenbild der Wirbelsäule, meist und in erster Linie der Halswirbelsäule.

Da immer wieder von Eltern die besorgte Frage kommt, warum man denn ein Röntgenbild machen müsse, hier kurz der Text eines Merkblattes, das wir in der Praxis bereithalten:

> Wir müssen heute eines oder mehrere Röntgenbilder von Ihnen (bzw. Ihrem Kind) machen. Der Verordnung dieser Röntgenbilder geht *immer* die Durchsicht Ihrer mitgebrachten Unterlagen und Aufnahmen sowie die Auswertung der Erstbefragung durch unsere Mitarbeiterinnen voraus. Wir sind bemüht, so wenig Bilder wie möglich zu machen. Wenn wir diese Anordnung treffen, bevor Sie untersucht wurden, dient das dazu, Ihre Wartezeit kurz zu halten. Manchmal ergibt sich aus der Untersuchung dann allerdings die Notwendigkeit, zusätzliche Aufnahmen zu machen; das werden wir mit Ihnen besprechen. Wenn Sie dann zur Untersuchung und Behandlung kommen erklären wir Ihnen gerne, warum wir die neuen Bilder machen ließen, ggf. auch im Vergleich mit den mitgebrachten Aufnahmen.

CT- und Kernspin-Aufnahmen

Nicht selten kommen Patienten mit solchen Aufnahmen – es sind ja in der Regel recht dicke Stöße von Röntgenfilmen – und sind dann ganz verwundert, daß man bestimmte „einfache" Aufnahmen zusätzlich braucht.

Bei den beiden oben genannten Verfahren handelt es sich um Schnittbilder, die computergestützt aus einer Fülle von Messungen am liegenden Patienten gewonnen werden. Sie sind bestens geeignet, uns Einblick in die Feinstruktur des Gewebes zu verschaffen, vermitteln aber meist keinen exakten Überblick über das Zusammenspiel z.B. der einzelnen Wirbelsäulenabschnitte. Außerdem sind diese Bilder zwangsläufig im Liegen gemacht, so daß jede Beurteilung der Statik entfällt.

Zum Strahlenschutz

Bei modernen Geräten wird schon an der Röhre selbst ausgeblendet, um die hier austretende Strahlung so gering wie möglich zu halten. Zudem wird mit speziellen Filtern dafür gesorgt, daß nur die Strahlentypen austreten, die weniger kritisch und für die Aufnahme unerläßlich sind.

Entgegen dem „gesunden Menschenverstand" sind die bei Aufnahmen verwendeten Röntgenstrahlen um so agressiver, je weicher (d.h. energieärmer) sie sind. Man bemüht sich also, so hart als möglich zu arbeiten, um mit geringen Belichtungszeiten auszukommen. Ein Teil dieser *Primärstrahlen* werden im Körper abgelenkt und abgeschwächt; das ist ja auch beabsichtigt, sonst wäre der Film einfach schwarz. Diese *Sekundärstrahlung* streut nun überallhin, weshalb man die Mitarbeiterinnen während der Belichtung nicht im Raum läßt oder mit Bleiwesten schützt. Auch Sie erhalten solch eine Bleiweste, wenn wir Sie z.B. bitten, bei einer Aufnahme Ihres Kindes zu assistieren.

Aus dem oben Gesagten wird deutlich, warum die früher verwendeten „Strahlenschutz-Schablonen" zur Abdeckung der Eierstöcke bei Frauen völlig sinnlos sind: sie blockieren die – unwichtigen – Primärstrahlen, ohne die im Körper selbst entstehenden Sekundärstrahlen von den Eierstöcken abhalten zu können. Wir verzichten deshalb völlig darauf, und verwenden moderne Folien-Filmsysteme, durch die die Belichtungsdosis in den letzten Jahren immer weiter gesenkt werden konnte.

Seien Sie versichert, daß wir – gerade auch bei Kindern – die Entscheidung für ein neuerliches Röntgenbild genau erwägen und nicht leichtfertig treffen. Der beste Strahlenschutz ist sparsames Röntgen.

Soweit das Merkblatt. Ergänzend dazu muß man sagen, daß bei den Röntgenaufnahmen der Kleinkinder am Hals die kleinsten am Apparat überhaupt einstellbaren Strahlenmengen verwendet werden. Man arbeitet gerade in diesen Fällen mit sogenannten Verstärkerfolien in den Filmkassetten. Dadurch wird die Empfindlichkeit des Röntgenfilmes weiter erhöht (etwas auf Kosten der Detaildarstellung). Zur Zeit werden 800er Folien eingesetzt. Mit dieser Zahl soll ausgedrückt werden, daß die Empfindlichkeit achtmal so hoch ist wie bei der 100er Standardfolie.

Die Strahlung, die bei solch einer Aufnahme verwendet wird, muß dann mit anderer ionisierender Strahlung verglichen werden, der wir uns – ohne darüber nachzudenken – aussetzen. Nur ein Beispiel: Wäre das Fliegen erst heute erfunden worden, müßten die Stewardessen Dosimeter zur Strahlungsmessung tragen, wie sie in Kernkraftwerken vorgeschieben sind. So hoch ist die kosmische Strahlung, der wir bei längeren Flügen ausgesetzt sind! Man kann kosmische und Röntgenstrahlung nicht einfach gleichsetzen, aber beide sind in der Lage, Gewebe zu verändern.

Bei Fliegen denken aber die meisten Eltern wesentlich weniger über Strahlenrisiken nach als beim Röntgen. Allemal sollte man bei jedem uns anvertrauten Kind so vorgehen als ob es das eigene ist. Meinen eigenen Sprößling, von dem weiter oben ja die Rede war, habe ich natürlich auch geröntgt vor der Behandlung.

Auch hier gilt wieder: Riskoabwägung ist gut, aber mit dem entsprechenden Hintergrundwissen. Vor einigen Wochen hatte ich das Baby einer Krankengymnastin, die mit einem orthopädischen Assistenzarzt verheiratet war. Und auch da war es ein schweres Stück Arbeit, davon zu überzeugen, daß ich das Bild nicht aus Jux und Tollerei mache, sondern daß es eine unverzichtbare Basis der Untersuchung ist. Was mich bei zwei „Profis" natürlich etwas traurig stimmte…

3.8 Glaube keiner Statistik, die du nicht selbst gefälscht hast

Es ist manchmal schon erstaunlich, wie kurz das Gedächtnis der Mediziner ist. Eine Therapie, die mit dem Brustton der Überzeugung als das Beste überhaupt angepriesen wurde, ist dann einige Jahre später still und leise in der Versenkung verschwunden. Und alle haben vergessen, so einen Unsinn jemals verteidigt zu haben…

Einige in der Medizin tobende Glaubenskriege schwappen bis in die Laienpresse, man denke nur an die jahrzehntelangen Streitereien über das fette Essen, besonders das Cholesterin, oder die Einstellung zum Alkohol.

- Es muß einigen amerikanischen Internisten schwergefallen sein zuzugeben, daß ein Gläschen Rotwein am Tag für fast alle Menschen sehr positiv zu Buche schlägt. Natürlich wird man das keinem Alkoholiker in der Entwöhnung anraten, aber uns anderen hilft es, unser Kreislaufsystem zu schützen (und es mundet schließlich besser als irgendein Medikament).

- Nüsse sind fett und schwer, also ungesund. So wurde es mir noch im Studium eingebläut. Inzwischen weiß man, daß regelmäßiger Genuß dieser fetten Sachen gut ist.

- Hoch-ungesättigte Fette sind besonders gut – aufgrund dieses Dogmas gab's bei uns zu Hause fast nur Distelöl. Heute wissen wir, daß gerade die Menschen in Kreta mit ihrem großen Olivenöl-Konsum besonders gut gegen Herz-Kreislauf-Probleme geschützt sind.

- Das Natrium macht den Bluthochdruck – heute denken wir, es ist wohl eher das Chlorid.

- etc., etc., etc.

Nichts ist völlig aus der Luft gegriffen gewesen: Viel Alkohol ist schlecht, und vom Korn-Trinken wird das Herz auch nicht gesünder. Aber das Schwarz/Weiß mancher „offiziellen" Statistik war eben gar nicht so schwarz, sondern eher dunkelgrau, und auch nicht ganz weiß (man denke an viele Westen).

Ein schönes Beispiel für die Biegsamkeit statistischer Fakten verdanke ich Prof. KRÄMER (siehe auch Literaturliste) von der Uni Dortmund. Er hat sehr plastisch

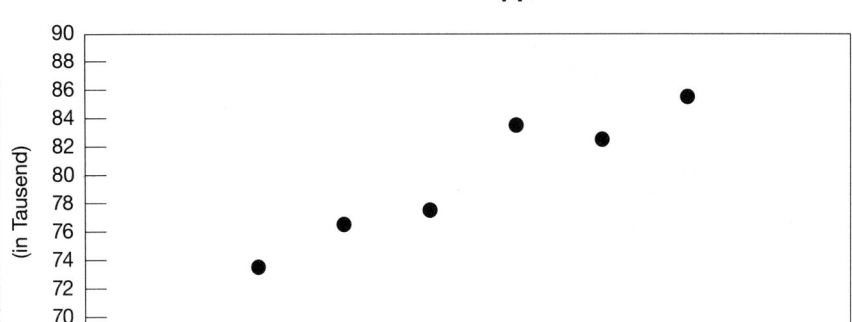

Abb. 3.2 „Beweis", daß der Storch die Kinder bringt. Krämer hatte für dieses Schaubild die „echten" Daten zusammengetragen. Nicht jede parallel verlaufende Entwicklung beweist gleich eine Abhängigkeit. Abdruck mit freundlicher Genehmigung des Autors. (Walter Krämer: So überzeugt man mit Statistik. Campus 1994.)

„nachgewiesen", daß eben doch der Storch die Kinder bringt, indem er zeigte, daß der Geburtenrückgang und die Verringerung der Anzahl bewohnter Storchennester parallel verliefen (Abb. 3.2). Damit ist doch eindeutig, daß hier ein Zusammenhang besteht...

So schwierig ist das eben in der Medizin, die sich nicht wie die reinen Naturwissenschaften ideale Versuchsbedingungen schaffen kann. Wer ins volle Leben greift, greift auch mal daneben. Je rigider man Versuchsbedingungen wählt, desto „wissenschaftlicher" mag das aussehen, aber desto weniger bleibt oft übrig. Gerade komplexe Therapien, bei denen der persönliche Kontakt zwischen Arzt und Patient eine wichtige Rolle spielt, sind nur ganz begrenzt in das für Medikamentenwirkungen konzipierte Prüfkonzept einzuzwängen. Von der „Doppel-Blind-Untersuchung" bleibt dann nur das doppelt blinde übrig...

Ich bin schon oft gefragt worden, „Warum legen Sie nicht mehr Statistiken über Ihre Kleinkinder-Behandlung vor?". Ich hielte dies für unehrlich. Lassen Sie mich das am Beispiel der CP-Kinder erklären:

Wir haben in den letzten Jahren ca. 250 Kinder mit CP in der Praxis gehabt. Davon sehe ich ca. die Hälfte regelmäßig. „Das ist doch eine ganz schöne Gruppe" – werden da manche sagen. Wenn man sich aber vor Augen hält, daß Babies und Teenager zu diesen Patienten gehören, wird schon klarer, daß es mit der Gruppenbildung nicht weit her ist. Zudem kommen die ganz unterschiedlich schweren Ausgangsbedingungen, die differenten Vor- und Begleitbehandlungen und die völlig verschiedene Familiensituation dazu.

Vielerorts wird sich damit aus solch einer Zwickmühle geholfen, daß dann „Scores" gebildet werden, wie das auf neudeutsch heißt. Man entwirft also ein Punktesystem, diese Punkte gibt man vor und nach der Behandlung und kann damit schön rauf- und runterrechnen. Wenn man sich dann anschaut, wie solche Scores gebildet werden, merkt man schnell, daß natürlich der Wunsch der Vater des Gedankens (in diesem Fall: der Bewertung) war. Man kann sich doch nicht von seinen eigenen klinischen Erfahrungen freimachen, wenn man so etwas plant, und Entsprechendes kommt dann eben heraus[4].

Es ist völlig unmöglich, sich von seinen eigenen Vor-Annahmen freizumachen; man kann nur versuchen, sich ihrer bewußt zu bleiben, um so besser damit umgehen zu können. Ein Ergebnis dieser Einsicht ist dann, daß manche Probleme eben nicht in eine eindimensionale Statistik gepreßt werden können.

Wenn man sich all die hier dargelegten Warnungen vor Statistik zu Herzen nimmt, bleibt doch gar nichts mehr übrig – wird sich mancher denken, der diese Zeilen liest. Im Notfall ist das auch wahrscheinlich die gesündere Einstellung. Für uns hat sich eine ganz einfache Methode bewährt: wir fragen die Eltern nach einer Schulnote für die Behandlung. Das ist ein Maßstab, den jeder aus eigener oft schmerzhafter Erfahrung kennt. Wenn man dann die Kontrolle durch den Kinderarzt und die Physiotherapie hinzunimmt, bekommt man meist ein ganz realistisches Bild. Es gibt Ausreißer nach oben, wenn die Eltern eben an einen Erfolg glauben wollen, auch wenn keiner da ist. Das legt sich aber meist recht schnell. Ebenso gibt es Ausreißer nach unten, weil manche eine Besserung, die sich über Wochen hinzieht, gar nicht mehr wahrnehmen. Dazu ist die Kontrolle durch die Physiotherapeuten ein gutes Korrektiv, außerdem gibt es oft noch die Nachbarin oder die Tante, die das Kind nicht so oft sehen und ihrerseits die Eltern auf die Veränderungen aufmerksam machen.

Es sei zum Schluß auch nicht verschwiegen, daß man oft unter falschen Voraussetzungen zum richtigen Ziel kommt. Gerade bei unserem Thema, der Manualmedizin, haben wir das immer wieder gesehen. War es vor hundert Jahren die „Säftezirkulation", die unsere Vorgänger förderten, so hatte man zum Beispiel in den dreißiger Jahren die Vorstellung, man müsse einen Widerstand aus dem Nervensystem beseitigen. Heute erklären wir uns viel mit Modellen, die wir bei den Computern abgeschaut haben. Vielleicht lacht man darüber in hundert Jahren genauso wie wir über die „alten" Vorstellungen…

3.9 Vorsicht zerbrechlich!

Immer wieder fragen Eltern, deren Kinder eben behandelt worden waren, was sie denn nun beachten müßten. Es ist ganz natürlich, daß man Angst hat, etwas falsch zu machen.

Es gehört zur Grundausstattung eines Arztes, unterscheiden zu können, bei welchen Eltern man eher abwiegeln muß (da sie überbesorgt sind) und wo man zu mehr Aufmerksamkeit rät. Eigentlich ist das alles gar nicht so dramatisch; Kinder sind ganz stabil gebaut, sonst würden sie ihre doch oft recht ruppigen frühen Jahre gar

---

[4] Ein wunderschönes Beispiel, wie man ganz unbewußt von seinen „Annahmen" (direkter: Vorurteilen) geleitet wird, beschreibt STEPHEN J. GOULD in seinem Buch: Der falsch vermessene Mensch (Suhrkamp 1988). Er beschreibt, wie im 19. Jahrhundert anhand von Volumenmessungen der Gehirne „bewiesen wurde", daß die Europäer die Krone der Schöpfung sind. Die – größeren – Männer haben ein größeres Gehirn; damit wurde die „Überlegenheit" der Männer begründet.

nicht durchstehen. Man muß gar nicht so viel Rücksicht nehmen auf sie. Wohl sind einige Details zu beachten, die nicht selten übersehen werden.

Das Hochheben aus dem Bettchen

Wenn so ein kleiner Mensch vor einem im Bettchen liegt, scheint es meist am einfachsten, ihn am Brustkorb zu umgreifen und hochzuheben. Das geht auch recht gut, da man hier meist einen guten Halt hat; es hat aber den Nachteil, daß dabei der Kopf nach hinten fällt, wenn die Koordination des Säuglings nicht ganz gut klappt.

Gerade morgens wird es aber oft Situationen geben, bei denen man ein schlafendes oder gerade erst erwachtes Kind hochheben muß. Dies kann aber nicht schnell genug seine Reflexe anwerfen, so daß der Kopf erst nach hinten fällt, bevor es ihn dann wieder hochhebt.

Manchmal wird angeregt, das dadurch zu umgehen, daß man die Kinder über eine Seite gedreht aus dem Bett heben soll. Damit ersetzt man nur den Fall des Kopfes nach hinten durch ein seitliches Abknicken. Am besten ist es, das Kind unter der Windel und im Nacken zu stützen.

Das ist schon bei offensichtlich gesunden Kindern wichtig. Noch wichtiger ist es aber bei Babies, die als KISS-Kinder oder mit zusätzlicher CP ohnehin Schwierigkeiten mit ihrer Koordination haben.

Barfußlaufen

Schon seit vielen Jahrzehnten kennen wir die verschiedenen Hirnareale, die für bestimmte Funktionen zuständig sind. So wissen wir auch, daß ganz bestimmte Gebiete im Gehirn zum Beispiel für die von den Händen oder vom Rumpf kommenden Informationen zuständig sind. Es wundert wenig, daß allein für die von den Fingern kommende Information mehr Platz reserviert wurde als für den ganzen Rumpf. Erstaunlich ist, daß auch die Fußsohlen ein ganz großes Areal zur Verfügung haben. Das kann aber nur genutzt werden, wenn auch die nötigen Reize von den Fußsohlen dorthin gelangen.

Wir verpacken die Füße unserer Kinder aber aus einer Vielzahl von Gründen in Schuhe. Zum einen stehen die Kleinen etwas früher, wenn sie die berüchtigten „Lauflernschuhe" tragen. Die Füße sind besser gegen Verletzung geschützt, was gerade beim Spielen auf festen Wegen wichtig ist. Auch im Gras ziehen manche Mütter ihren Kindern gerne Schuhe an, sei es wegen der Angst vor Insektenstichen oder vor versteckten Splittern und Scherben im Gras. Nicht zuletzt ist es auch die Sorge um zu kalte Füße samt daraus resultierender Erkältung, die zum Schuheanziehen anspornt.

All diese Argumente kann man nicht einfach vom Tisch wischen. Sie basieren auf der Erfahrung vieler Mutter- und Großmuttergenerationen. Auch haben sie den Vorteil einer unmittelbar einleuchtenden Verbindung zwischen Ursache und Wirkung:

Keine Schuhe = Verletzung

das ist schlüssig. Was kann man dem schon entgegenhalten?

Ein Fuß, der im wahrsten Sinne des Wortes immer in Watte gepackt wird, bekommt kaum Stimulation; er wird faul und dumm. Faul werden heißt für ihn, daß die Muskeln unterentwickelt sind und damit schwach; dumm bedeutet, daß er mit vielen Reizen nicht fertigwerden kann und deshalb panisch reagiert. Eine Fußsohle, die das Barfußlaufen nicht gewohnt ist, reagiert entsprechend, was am Anfang die Umgewöhnung nicht gerade einfach macht. Doch gerade Kinder adaptieren sich sehr schnell; schon nach wenigen Tagen ist die Überempfindlichkeit des Fußes überwunden.

Wenn ich mit den Eltern über das Barfußlaufen spreche, muß ich zu Anfang erst eine Präzisierung vornehmen: meist sagen mir die Eltern
„Natürlich, zu Hause läuft er/sie fast immer barfuß"
– „Wirklich barfuß? Oder in Socken?"
– „Ja, in diesen ABS-Socken!"
Man sollte die Abkürzung ABS vielleicht mit *Aber bitte selten* übersetzen. Die Kinder in Socken spielen zu lassen, verbindet die Nachteile des Barfußlaufens (ungeschützte Füße) mit denen der Schuhe (keine sensorische Stimulation). Keiner lernt ja Klavierspielen mit Handschuhen, oder?

Können wir unser Baby hinsetzen?

Manche Eltern stellen mir sorgenvoll die Frage „darf unser Kind denn sitzen, müssen wir es nicht besser legen?"

Wie auf alle allgemeinen Fragen gibt es auch hier keine ganz präzise Antwort. Man kann sich aber ganz einfach daran orientieren, was das Baby selbst macht: Wenn's denn sitzen will, sitzt's. Dann wird es auch damit fertigwerden und die zusätzliche optische Orientierung aus dem Sitzen ebenso in seine Haltung einbauen wie die jetzt viel intensivere Schwerkrafteinwirkung. Nicht gut ist allerdings, wenn man das Kind schon sehr früh viel in die Babyliegen packt (z.B. der verbreitete Maxi Cosy). Die haben ihre Berechtigung zum sicheren Plazieren im Auto, zum Transport oder zum Füttern. Wenn sie aber als Kleinkind-Verwahrplatz mißbraucht werden, ist das nicht gut. Viele Babies machen das mit, denn sie sehen allerhand Interessantes und müssen sich dazu nicht mühsam hochstemmen. Daß ihre Haltung darunter leidet, dürfte aber kaum zweifelhaft sein.

Um das Ganze noch schlimmer zu machen, werden die kleinen Zwerge dann manchmal noch (vielleicht zusammen mit den anderen Geschwistern) vor der Glotze ruhiggestellt. Aber darüber wollen wir jetzt nicht schreiben, das würde aus dem Ruder laufen…

Hier seien auch noch die berüchtigten Gehhilfen (z.B. „Gehfrei" etc.) erwähnt, die noch allenthalben ihr Unwesen treiben. Die Notärzte und Chirurgen sind gegen diese Gestelle, weil sie häufig zu Unfällen führen. Die Babies sind in der Vertikalen bevor sie eigentlich dazu reif sind, und sie können so viel höher reichen als im Krabbeln. Dadurch kommen Tischdecken und – noch viel schlimmer – der Herd mit den ganzen leckeren Töpfen in ihre Reichweite. Ähnlich verhält es sich mit den „Hopsern", die man in die Türrahmen einhängt. Die Babies stehen da drin und stoßen sich natürlich gerne vom Boden ab; jedes Kleinkind liebt Bewegung. Durch diese vorzeitige

Fehlprogrammierung wird ein falsches Muster gebahnt, und den Kindern eine Spitzfußtendenz anerzogen.

Zudem sind die Zwerge viel schneller und haben einen viel größeren Bewegungsradius. Man hat sie leichter aus dem Auge verloren, und es gibt viele Berichte, wie die Kinder mit diesen Apparaten über die Treppenstufe hinausgefahren waren und dann die Treppe hinunterstürzten.

Hier interessiert uns aber nicht nur das Unfallpotential, sondern was bei „normaler" Benutzung passiert: Das Baby wird so zu einem Zeitpunkt zum Laufen gebracht, zu dem es eigentlich weder die Muskelkraft noch die Koordination hat, das aus eigenen Stücken zu tun. Resultat: Schlechte Programmierung. Das haben wir nun schon so oft hier gesagt, daß ich mir die Erklärung diesmal spare.

Und die Moral von der Geschicht: Nicht nur zu Hause diese Gehhilfen gar nicht erst anschaffen, sondern auch bei Bekannten, die sie benutzen, für deren Abschaffung werben.

Stimulation der Wahrnehmung

Einer der allgemeinsten und doch wichtigsten Hinweise sei hier am Schluß aufgeführt: Nehmen Sie Ihr Kind auf den Arm, auf den Rücken, auf die Schultern. Wir brauchen die Stimulation des Innenohrs, um unsere Wahrnehmung zu schulen. Ein bewegtes Baby ist neugierig. Wenn diese Bewegung dann noch mit der Wärme und dem Körperkontakt verbunden ist, den das Tragen vermittelt, kann der kleine Mensch angstfrei lernen. Wir wissen aus der Therapie behinderter Kinder, daß gerade bei denen, die zu wenig Stimulation ihres Innenohres hatten, das Einstellen auf neue Situationen erschwert ist.

Neben der Oberflächensensibilität – darüber hatten wir's beim Barfußlaufen – gibt es noch eine Tiefensensibilität. Diese kommt zum Beispiel dann zum Zuge, wenn man einander ganz feste knuffelt. Gerade Kleinkindern tut das oft gut, wenn sie erschreckt wurden oder Angst haben. Aber auch später macht man das als „Elter" ja spontan so. Mir tun immer Kinder leid, die weinend zu ihren Eltern gelaufen kommen, und dann auf Abstand mit mehr oder weniger guten Worten getröstet werden…

Mund zu!

Die meisten Haltungsgewohnheiten sind nicht durch die so beliebten Ermahnungen der Eltern zu ändern. Wie oft wird man an Frühstückstischen das „Sitz gerade" hören – und wie wenig richtet es aus. Dieses wohl wissend, sei trotzdem für das „Mund zu!" geworben. Es gibt ganze Physiotherapiekonzepte, die sich mit dem Mundschluß beschäftigen, von den Bemühungen der Kieferorthopäden ganz zu schweigen. Man muß es ja nicht mit den Ermahnungen bewenden lassen, zumal diese bei ganz kleinen Kindern ohnehin nicht fruchten. Mit einem Finger um den Mund streichen hilft da mehr als gute Worte.

Daß ein guter Mundschluß enormen Einfluß auf die Haltung hat, kann jeder ausprobieren. Wenn man ein schlaff dasitzendes Kind dazu bringt, den Mund zuzumachen, wird automatisch auch die Haltung besser. Bei den empfohlenen Büchern ist eines dabei, das sich aus kieferorthopädischer Sicht gerade mit diesem Thema beschäftigt.

Nehmen Sie das „Mund zu" also eher als Gedächtnisstütze für sich selbst. Oft wird der Mundschluß auch dadurch besser, daß wir den Hals behandelten, und so die Voraussetzungen für eine gute Funktion der Kaumuskulatur geschaffen wurden. Dann ist der geschlossene Mund *ein* Zeichen für die bessere Programmierung der Haltung.

3.10 Zum Abschluß: einige tiefe Wahrheiten

Wenn Sie sich so weit in diesem Buch vorgearbeitet haben, werden Sie schon lange gemerkt haben, daß hier kein wissenschaftlicher Jargon aufkommen sollte; das gelingt nicht immer, aber man tut, was man kann. Nun ist dieses „Normalreden" nicht immer sehr beliebt. Ich habe nicht selten erlebt, daß es mir sogar zum Vorwurf gemacht wurde, etwa mit dem Satz „Wer so wenig wissenschaftlich argumentiert, der ist nicht ernstzunehmen". Damit kann man leben, man muß nicht jeden überzeugen. Aber es hilft vielleicht, die Gründe für diese „mangelnde Wissenschaftlichkeit" etwas auszubuchstabieren, um mehr Klarheit zu schaffen.

Wie weiter oben am Beispiel der Statistiken ausgeführt, muß man sich immer die Hintergründe anschauen, um z.B. eine Datensammlung und deren Auswertung richtig zu beurteilen. Natürlich wird eine Umfrage der Gewerkschaften zum Thema Arbeitszeitverkürzung andere Fragen aufweisen wie die Enquête der Arbeitgeber. Ebenso sind die Erfahrungen eines Gefängnispfarrers und die eines Landgeistlichen nur dann vergleichbar, wenn man ihre Tätigkeitsfelder nicht aus dem Auge verliert.

Für uns muß das immer heißen, unser Arbeitsumfeld in der Präsentation der Ergebnisse nicht zu vernachlässigen. Welche Patienten kommen überhaupt zu uns? Wenn ein Chirurg nur Gallen operiert, kann er leicht zu dem Schluß kommen, alle Menschen hätten Steine und Koliken. Wer viele schiefe Kinder sieht, kommt leicht in die Versuchung zu glauben, jedes Baby müßte behandelt werden[5]. Diesem Fehler sollte hier kein Vorschub geleistet werden. Deshalb auch keine Ausdrücke wie: *hochsignifikant*, *relevant* oder andere bekannte Reizwörter.

Mit einem neuen Hammer ist alles ein Nagel

In der theoretischen Physik gibt es – schon EINSTEIN war davon fasziniert – das Suchen nach der Allgemeinen Feldtheorie, griffiger (auf amerikanisch) „Theory of Everything" genannt[6]. Man ist ein bißchen an die mittelalterlichen Alchimisten und

---

[5] Ketzerisch gleich dazugesagt: Schaden würde es ja den Wenigsten…
[6] Sie soll alle bekannten Naturkräfte – denken Sie z.B. an die Gravitation und die magnetische Anziehung – zu einer „Weltformel" zusammenfassen.

ihren Stein der Weisen erinnert. Sie werden's nicht erreichen, aber auf dem Weg dorthin vieles Interessante finden.

Immer, wenn ein Problem unter neuem Blickwinkel gesehen wird, tritt ein vergleichbares Phänomen auf. Man denke an die Bandscheibe. Einer kam dahinter, daß viele Rückenschmerzen durch Bandscheibenschäden ausgelöst wurden, und er konnte durch Operationen vielen Leidenden helfen. Dann wurde die Methode überstrapaziert. Alles und jedes, was im Kreuz wehtat, wurde der armen Bandscheibe untergeschoben. Viele wurden unnötig operiert, vielen nicht geholfen, weil man die anderen Schufte im unteren Rücken aus dem Auge verloren hatte. Viele Operateure sehen ihre Mißerfolge gar nicht, weil die Patienten dann einen großen Bogen um deren Ambulanzsprechstunde machen.

Auch bei neuen Diagnosemethoden ist es ähnlich: vor fünfzehn Jahren, als die Computertomographen aufkamen, war dies plötzlich das Nonplusultra. Sie würden all unsere Schwierigkeiten beseitigen, wenn man nur genügend davon hätte. Inzwischen steht in jeder Kleinstadt ein CT-Gerät. Die Diagnosen – zumindest auf meinem Fachgebiet – sind dadurch nicht viel besser geworden, jedenfalls nicht so viel, wie das große Geschrei anfangs vermuten ließ. Zur Zeit machen wir das Gleiche mit den Kernspin-Geräten mit. Die sind noch teurer in der Anschaffung und im Unterhalt.

„Wo die Erfolgsmöglichkeit eines Mittels überschätzt wird und der Enthusiasmus nicht von Kritik gezügelt wird, da stellt sich dann leicht die Oberflächlichkeit ein."

VICTOR V. WEIZSÄCKER (Klinische Vorstellungen)

Man könnte argumentieren, daß doch Geld für Unnötigeres ausgegeben wird. Stimmt. Wenn man aber sieht, wie Patienten mit dicken Packen aufwendiger Untersuchungen kommen, dafür aber einfachste Bilder („normale" Röntgenaufnahmen) gar nicht mehr gemacht werden, wird einem klar, daß ein übermäßiger Aufwand und eine schlechte Diagnose kein Widerspruch sind, sondern sich oft gegenseitig bedingen.

Was man den anderen so wortreich vorwirft, sollte man bei sich selber tunlichst vermeiden. Unser „neuer Hammer" ist die Manualtherapie bei Kleinkindern. Sie kann Vieles überraschend gut beeinflussen. Das macht uns mutig, manchmal auch übermutig. Davor muß man sich hüten. Bei jedem Kind schwebt das Damoklesschwert einer übersehenen schweren Erkrankung über uns. Das ist Gott sei Dank selten. Aber die Angst, hier nicht genau genug nachzuschauen, sitzt einem immer im Nacken.

Nicht alle Symptome, die einem CP-Kind das Leben schwer machen, sind durch Manualtherapie zu beseitigen. Nicht jedes Schreien beim Kleinkind ist HWS-bedingt, nicht jedes hyperaktive oder „schwierige" Schulkind ein Fall für den Wirbelsäulenspezialisten. Das immer im Auge zu behalten schützt vor Überschätzung der eigenen Möglichkeiten und davor, sich als „Wunderprediger" einer Wundermethode lächerlich zu machen. Auch ein manualtherapeutisch tätiger Arzt hat die Aufgabe, sich möglichst überflüssig zu machen. Wir sind Hilfspersonal zur Bewältigung von Lebensproblemen und nicht die spirituellen Vorgesetzten unserer kleinen und großen Patienten.

Der Schurke steht oft im Dunkel

Es ist nicht immer das Auffälligste, was eine Krankheit, ein Beschwerdebild verursacht. Ein ärztlicher Freund sagte mir zu diesem Thema vor Jahren: „Es schreit nicht der Mörder, sondern das Opfer". Da könnte man ergänzen: „Er steht nicht neben dem Opfer, sondern oft abseits im Dunkeln".

Jahrelang meinte man, die Ursache der frühkindlichen Schiefhälse genau zu kennen (wir haben weiter oben schon davon erzählt). Der Muskel an der Halsseite war es, der die Schuld trug. Man sprach vom *muskulären Schiefhals*. Entsprechend war auch die Therapie ausgerichtet: die Krankengymnastin wurde angehalten, den Muskel zu dehnen. Die Babies wurden zum Teil in abenteuerliche Geschirre geschnallt, um sie geradezubiegen. Wir erinnern uns an ANDRY…

Nun kann man ja auch unter den falschen Voraussetzungen die richtige Behandlung machen. Wenn also eine begabte und sensible Physiotherapeutin das Baby bekam, konnte sie den Schiefhals beseitigen. „Sie sehen", sagte dann der Chefarzt vielleicht seinen Assistenten bei der Visite, „wenn man den Muskel nur gut dehnt, kann man die Kinder erfolgreich behandeln" – und alle waren's zufrieden. Daß die Krankengymnastin aber die kurzen Nackenmuskeln massiert hatte oder durch Ziehen am Kopf die Halswirbelsäule beeinflußt hatte, wußte keiner (oft nicht einmal die Krankengymnastin selbst).

Schwierig wurde es nur, wenn die Behandlung nicht erfolgreich war. Dann kam irgendeinmal der Moment, wo zur Operation geraten wurde. Diese Operation ist in der Regel nicht sehr tiefgreifend: der oberflächlich gelegene Muskel wird durchtrennt und verlängert, ein kurzer Eingriff. Danach wurden die Kinder aber meist wochenlang eingegipst. Ein eingegipstes Kind kann aber keine Motorik entwickeln, ist in seiner Wahrnehmung zurück. Das sollte man sich also immer ganz genau überlegen.

Um es hier nochmals zu betonen: es gibt durchaus Kinder, bei denen solch ein Eingriff richtig und sinnvoll ist. Das sind aber verschwindend wenige; lege ich meine kleinen Patienten zugrunde, wird es bei einem von Tausend nötig sein. Damit kommt man aber nie auf die Operationszahlen, die manche Kliniken noch heutzutage stolz vorweisen.

Der Halsmuskel war also ein Hinweis auf ein Problem, nicht das Problem selber. Ihm die Schuld unterzuschieben ist ungefähr so intelligent wie den Boten einer schlechten Nachricht zu erschlagen (was ja nicht nur in der Antike durchaus praktiziert wurde). In beiden Fällen löst es das Problem nicht.

Keiner ist gesund, er ist nur nicht gut genug untersucht

Ein beliebtes Marketing-Konzept der Mediziner ist es, Patienten (und noch mehr Eltern) durch Angstmachen zu erpressen. Das funktioniert fast immer, vor allem natürlich da, wo ein großes Informationsgefälle ist. Außerdem ist man als Arzt auf der sicheren Seite, wenn man „alles Menschenmögliche getan hat". Einige Beispiele mögen das verdeutlichen:

● Der Rachenwegsinfekt: Die Angewohnheit, hier schon bei recht kleinen Erkrankungen mit Antibiotika dagegen anzugehen, wurde jahrelang mit dem Argument begründet, daß man sonst rheumatisches Fieber, Herzklappenfehler etc. riskiere. Nachdem sich bei den Eltern herumgesprochen hat, daß allzu schnelle Gabe von Antibiotika nur dazu führt, daß man von einer Infektion in die andere stolpert, kommen die alten Hausmittel wieder zum tragen. Inhalation, Einreibungen und vor allem Bettruhe tun es meist auch.

Dann kann man die Antibiotika den Fällen vorbehalten, in denen man sie braucht, sei es wegen der Schwere des Verlaufes oder anderer Riskiofaktoren.

● Wirbelsäulen-Fehlhaltung: Eine Situation, die eher zum Thema dieses Buches paßt: Man hat einen Grundschüler wegen Haltungsfehler zur Untersuchung bekommen. Den Fünfjährigen wird man behandeln und nicht aus dem Auge verlieren, aber den Eltern nicht sagen: „in zehn Jahren steckt Ihr Kind im Korsett / muß operiert werden / lebt im Rollstuhl".

● Noch ein Beispiel aus meiner unfallchirurgischen Zeit: In fast allen Notfallambulanzen der Krankenhäuser sind die diensthabenden Assistenzärzte gehalten, von Kindern mit Kopfplatzwunden Schädel-Röntgenaufnahmen zu machen. Das *kann* sinnvoll sein, nur muß man sich bewußt sein, daß man manch eine frische Fraktur übersieht und daß es etliche Traumafolgen gibt, die gar keine Veränderungen auf dem Röntgenbild machen (z.B. Blutergüsse zwischen den Hirnhäuten etc.). Sinnvoller wäre also, das Kind zu beobachten, und nur in bestimmten Fällen ein Röntgenbild zu machen. Auch die Beobachtung kann meist am besten zu Hause erfolgen, da ein Kind in der gewohnten Umgebung eher zur Ruhe kommt als im Krankenhaus, zumal wenn es keine Begleitperson dabei hat.

Nun kann man sich als kleiner Assistent (und auch als Oberarzt) mit solch einem „vernünftigen" Vorgehen ganz schön die Hände verbrennen. Wenn irgendetwas passiert, ist man dran.

Materielle Interessen (die Klinik muß voll sein) und Angst vor dem Übersehen verdeckter Probleme verschränken sich zu einer unguten Situation. Die Folgen für die (kleinen) Patienten sind dabei nur schwer abzuschätzen. Wieviel macht ein Kind mit, das unnötigerweise alleine im Krankenhaus bleiben muß? Wieviel spätere Infektionen oder Allergien riskiert man, wenn man zuviel Antibiotika gegeben hat? Wieviel Angst und schlaflose Nächte hat man Eltern aufgebürdet, wenn man übertrieben pessimistische Zukunftsaussichten entworfen hat?

Die Basis für eine vernünftige Entscheidung ist das Vertrauen zwischen Arzt und Eltern. Nur wenn man darauf bauen kann ist es möglich, die Grenzen ärztlichen Handelns offenzulegen. Wir haben keine Kirstallkugel, um in die Zukunft zu sehen. Man kann eine Entwicklung abschätzen, aber nicht vorhersagen.

Auf unser Problem bezogen heißt das: nicht wegen jeder Schiefhaltung gleich die Gäule scheu machen. Nicht jede kleine Koordinationsstörung nach einem Wachstumsschub zum Syndrom aufbauschen. Aber eben auch: Noch einmal nachsehen, wenn man einen Verdacht hatte. Die Eltern auffordern, nach einigen Wochen oder

Monaten zur Kontrolle zu kommen oder jemand anderen damit betrauen (in unserem Falle oft die Kinderärzte zu Hause oder die Physiotherapeuten).

Es ist weniger spektakulär so zu arbeiten, vor allem bei schlichten Seelen als Gegenüber. Natürlich kann man sich als Arzt fast selber einen Heiligenschein anschrauben, wenn man – wie das auf schwäbisch etwas derb heißt – aus jedem Furz einen Donnerschlag macht. Wenn ich eine Wirbelsäulenabweichung um wenige Grad schon zur gefährlichen Skoliose erkläre, habe ich ganz tolle Heilungsraten. Wenn ich jedem Patienten mit Schmerzen im Hüftgelenk sage, er/sie müsse in ein paar Jahren eine Endoprothese bekommen und dies dann mit einer Kombination aus Krankengymnastik und anderen Behandlungen dann verhindern kann, steht man als Wunderdoktor da – und hat doch nur seinen Job ordentlich gemacht.

Gerade bei Kindern und Jugendlichen ist die Versuchung besonders groß, die Zukunft in grellen Farben zu malen. Mancher Kollege glaubt, nur dadurch eine genügende Mitarbeit der Kinder und der Eltern gewährleisten zu können. Aber es ist ein bißchen wie mit pausenlosen Katastrophenwarnungen mancher Umweltschützer. Die Beweggründe mögen edel und ehrenwert sein, aber die Menschen stumpfen ab, wenn der Weltuntergang zum dritten Mal nicht gekommen ist.

Es hat gar keinen Sinn, einem sechsjährigen Mädchen zu sagen „Du mußt bis Abschluß des Wachstums täglich Krankengymnastik machen" – selbst wenn's so wäre. Man plant mal für drei Monate, schaut dann, wie es klappt, findet vielleicht als Alternative eine Sportart, die dem Kind Spaß macht – oder steckt es in einen Chor, wenn's mit der Athlethik nicht so weit her ist. Wer singen will, muß gut atmen und das geht nur mit guter Haltung. So muß man mit seinen therapeutischen Bemühungen manchmal durch die Hintertür kommen…

Man wird den Kindern in den Phasen zwischen den Wachstumsschüben auch mal „Ferien" von der Krankengmymnastik geben, mit den Physiotherapeuten Abwechslungen im Programm besprechen oder auch mal den Physiotherapeuten wechseln, wenn es nicht klappt zwischen Kind und Krankengymnast. Auch und gerade bei schwereren Verläufen ist die Therapie nichts Festgelegtes, sondern ein dynamischer Prozeß. Wenn man so vorgeht, hat man eine reelle Chance, daß die Kinder mitmachen, und auch dann muß man damit rechnen, sich in der Pubertät auf Überraschungen einzustellen. Warum soll eine Dreizehnjährige ihrer Skoliose gegenüber vernünftiger sein als ein fünfunddreißigjähriger Raucher gegenüber seiner Lunge?

Manche Eltern sind ganz erstaunt, wenn wir in gewissen Fällen auch zu Operationen raten, Antibiotika empfehlen oder Cortison einsetzen. Man muß dann versuchen verständlich zu machen, daß nicht das Medikament schlecht ist, sondern seine unkritische Verwendung. Es gibt Fälle, wo es für den Patienten die beste Lösung ist, zum Beispiel eine Skoliose zu operieren oder ein Hüftgelenk einzubauen. Unser Ziel ist immer, mit möglichst wenig eingreifenden Behandlungsformen auszukommen. Das klappt am besten, wenn man früh eingreifen kann, aber man hat keine Garantie dafür, daß „sanfte" Verfahren allein ausreichend sind. Letztlich steht immer das Wohlergehen eines Menschen im Mittelpunkt und keine noch so gut gemeinten Prinzipien.

Nicht die Speisekarte essen

All das, was Sie bis hierher über KISS-Kinder und ähnliche Krankheitsbilder hier gelesen haben, sind *Modellvorstellungen*. Sie dienen uns dazu, die unendliche Komplexität der menschlichen Entwicklung und ihrer Störungen zu begreifen, aber es sind eben nur Modelle, und als solche zwangsläufig Vereinfachungen. Wir lassen aus den x Aspekten der Realität etliche weg, um so überhaupt einen Zugang zu einem Problem zu bekommen.

Wer Beethoven spielen will, wird sich nicht nur die Partitur kaufen. Man setzt sich mit der Philosophie Beethovens auseinander, mit seiner Zeit, seinen Vorgängern und den Komponisten, die nach ihm kamen und auf seinem Werk aufbauten. Man will den Komponisten verstehen, dies mit unserer Zeit in Beziehung setzen.

Ein Arzt, der „nur" ein relativ kleines Spezialgebiet hat, wird sich trotzdem um ein möglichst breites Wissen anderer Fachdisziplinen bemühen, wird versuchen, seine Detailkenntnisse mit einer breiten Basis zu versehen[7]. Es ist für uns Ärzte hilfreich, mit anderen Heilberufen über deren Erfahrungen zu diskutieren, seien dies uns nahestehende Disziplinen wie die Physiotherapeuten oder die Masseure oder entferntere Fachgebiete wie Erzieher, Logopäden oder Kindergärtner. Wer die Rolle des Arztes in anderen Kulturen kennenlernt, kann seine eigene Rolle besser relativieren.

Aus dieser Auseinandersetzung formt sich ein Weltbild, das den Hintergrund all unserer Fachkenntnisse abgibt. In diesen sind wir genauso zeitgebunden wie alle anderen Naturwissenschaften, ja noch mehr als diese, weil wir so nahe an den Menschen dran sind.

Genau wie eine Speisekarte nur eine Idee geben kann, was einen vielleicht aus der Küche auf den Tisch getragen wird, kann solch ein verallgemeinertes Bild immer nur mit einem sanften Zwang auf ein einzelnes Kind projiziert werden. Man ißt nicht die Speisekarte, man behandelt kein KISS-Syndrom. Gegessen wird, was auf den Tisch kommt, und behandelt wird, was uns – mehr oder weniger übelgelaunt – von den Eltern in den Arm gelegt wird.

Ich bin sicher, daß wir in zehn Jahren anders über die hier dargestellten Dinge denken werden. Man wird das hier Gesagte nicht völlig über Bord geworfen haben (hoffe ich wenigstens), aber vieles klarer und damit anders als heute sehen. Vielleicht haben wir dann Verfahren, die die Eltern ohne viel ärztliche Hilfe vorbeugend zu Hause durchführen können. Oder wir kommen von einem tieferen Verständnis der Geburt und der Zeit davor zu Hinweisen, wie man die KISS-Probleme ganz vermeiden kann. Oder…

So kann man auch nie die Illusion bekommen, am Ende der Erkenntnis angekommen zu sein. Mit jedem neuen Patienten muß man sein „Vorurteil" wieder ein bißchen revidieren, lernt man wieder ein wenig dazu. Das ist es auch, was diesen Zeitvertreib (der einem auch noch die Brötchen verdienen hilft) so schön macht. Wenn auch nur diese Freude an der Arbeit in dem hier vorgelegten Buch zu spüren war, hätte es schon seinen Zweck erfüllt.

---

[7] Ein Generalist weiß nichts über alles; Spezialist ist einer, der alles über nichts weiß.

4 Anhang

4.1 Die Merkblätter

Im folgenden sind die Texte derjenigen Merkblätter wiedergegeben, die sich auf Kinder beziehen. Die Eltern bekommen sie als erste Information, und man kann sich beim Gespräch auf die unklaren Punkte konzentrieren. Bei kleinen Kindern ist es viel einfacher als bei den Problemen Erwachsener, solch ein Merkblatt zu entwerfen. Hier sind die Verläufe kurz, die Probleme ähnlich. Bei Erwachsenen ist das viel komplexer, man macht bei ihnen noch mehr unzulässige Vereinfachungen als bei den Kleinkindern.

Den Merkblättern ist immer auch ein Fragebogen beigelegt. Durch seine Beantwortung bekommen wir ein besseres Feedback als beim reinen Nachfragen bei Wiedervorstellung, zumal man manche Kinder lange nicht sieht. Gerade bei der Mitbehandlung von CP-Kindern hat man so recht genaue Informationen. Die Eltern sprechen sich mit den Betreuern und Physioptherapeuten der Kinder ab, und es entsteht ein ganz nüchternes Bild. Das hilft, die Bäume nicht in den Himmel wachsen zu lassen.

Das KISS-Merkblatt

Sie haben heute Ihr Kind hier zu Behandlung hergebracht; wahrscheinlich ging dem ein Gespräch mit Kinderarzt/ärztin oder der Physiotherapeutin voraus. Ergänzend möchte ich Ihnen im folgenden einige Erläuterungen zu Diagnose und Therapie geben.

Wir haben im Laufe der Jahre gemerkt, viele Symmetrieprobleme von Kleinkindern durch die angepaßte Behandlung der oberen Halswirbelsäule günstig zu beeinflussen. Mein verstorbener Freund und Lehrer GUTMANN hatte schon in den fünfziger Jahren Einzelbeobachtungen gemacht, die wir im letzten Jahrzehnt systematisieren konnten.

Inzwischen sind fast 4.000 Babies im Alter unter 2 Jahren behandelt. Auf der Basis der Auswertung dieser Krankengeschichten kann man einige allgemeingültige Aussagen treffen: Im Vordergrund stehen bei den *Kopfgelenk-Induzierten Symmetrie-Störungen* (kurz „KISS") Schiefhals, Durchbiegung der Wirbelsäule, Gesichtsasymmetrie und unterschiedliche Benutzung von Armen und Beinen. Wir wissen im Einzelfall nie genau, wieviel wir durch die Behandlung der oberen Halswirbelsäule bessern können, doch bei über zwei Dritteln der Kinder genügt *eine einzige Behandlung*, um einen durchgreifenden Erfolg zu erzielen oder eine später noch nötige Krankengymnastik bedeutend zu vereinfachen.

Der Vergleich unserer kleinen Patienten mit Gesamtstatistiken lehrte uns, daß lange bzw. erschwerte Geburten mit Saugglockenbenutzung oder Notfall-Kaiserschnitt und Schieflagen im Mutterleib (Steißlage, Beckenendlage) als Risikofaktoren ernstzunehmen. Auch Zwillinge sehen wir in unserer Gruppe häufiger, als es dem statistischen Durchschnitt entspräche.

Um die Babies gründlich untersuchen zu können, *müssen* wir die Halswirbelsäule röntgen. Dabei reicht bei Kleinkindern ein Bild von vorn, bei Kindern über anderthalb Jahren sollte man auch noch die seitliche Aufnahme mit in die Untersuchung einbeziehen. Das scheitert manchmal am Widerstand der Kinder gegen die Röntgenaufnahme. Auf dieser Basis – und unter Berücksichtigung des Untersuchungsbefundes – kann man dann die Behandlungstechnik festlegen.

Die Behandlung selbst besteht in einer vergleichsweise sanften Manipulation der obersten Halswirbel, wobei die genaue Technik – von Fall zu Fall unterschiedlich – vom Röntgenbefund und der Untersuchung abhängt.

Welche Auffälligkeiten berichten uns die Eltern?

● Schiefhaltung des Kopfes bis zur Zwangshaltung

● Kopfhalteschwäche und/oder ausgeprägte Kopfrückbeuge

● Einseitige Schlafhaltung des Kindes

● Asymmetrie der Bewegungen von Armen und Beinen

● Einseitige Haltung des Rumpfes

● Reifungsprobleme der Hüftgelenke, oft einseitig

● Fehlstellungen der Füßchen, bis hin zum Sichelfuß

● Schlafstörungen, Schreien im Schlaf

● „Haare-Raufen", hohe Tastempfindlichkeit des Nackens

● Schädelasymmetrie, im Gesicht und/oder am Hinterkopf.

Auch andere Symptome haben wir bei unseren kleinen Patienten gehäuft beobachtet (und auch deren Verschwinden nach der Behandlung). Dazu gehören Schlaf- und Trinkstörungen, häufiges nächtliches Weinen, unklares Fieber etc. Diese Beschwerden können natürlich von einer Vielzahl anderer Ursachen herrühren, aber wenn Sie unmittelbar im Anschluß an die Behandlung beobachten, daß sich hier etwas tut, spricht das natürlich für einen Zusammenhang.

Noch einiges zur weiteren Entwicklung

Drei bis vier Wochen nach der Behandlung sollten Sie am Heimatort von Kinderarzt oder Physiotherapie den Behandlungseffekt überprüfen lassen. Hierbei wird dann auch festgelegt, welche weiteren Maßnahmen noch nötig sind. Wenn die Kolleg(in-n)en eine Wiedervorstellung bei uns für sinnvoll halten, machen Sie bitte einen Kontrolltermin aus; ca. 15 % der Kleinen müssen im ersten Jahr nochmals behandelt werden. Es ist wichtig, drei Wochen nach der Manipulation keine Krankengymnastik zu machen, da dies unserer Erfahrung nach zu viel Unruhe bringt und das Ergebnis deutlich verschlechtert. Bei einem Drittel der Kinder wird man danach mit z.B. Krankengymnastik weiterbehandeln müssen.

Ein wichtiges Zeichen der von der Halswirbelsäule kommenden Beschwerden ist die *Rückbeuge des Kopfes*, eine Schonhaltung für diesen Abschnitt; ein Vorwärts-krümmen der Wirbelsäule wird vermieden. Deshalb sitzen diese Kinder ungern, und auch das Krabbeln wird eher vermieden; sie stehen oft schon sehr früh und wollen sich überall hochziehen. Sehr zur Freude der stolzen Familie, die ganz erstaunt ist, wenn wir ihnen eröffnen, daß es dem Kleinen viel zuträglicher wäre, erst in Ruhe die Krabbelphase zu durchlaufen. Nach der Behandlung sollte sich auch dies norma-lisieren.

Manipulation und Physiotherapie können und sollen kombiniert werden; ein er-folgreich behandeltes Baby kann viel besser krankengymnastisch behandelt werden und der geschulte Blick der Physiotherapeuten unterstützt uns bei der Verlaufsbeob-achtung. Wichtig ist, einen ausreichend langen Zeitraum nach der Kopfgelenkmani-pulation verstreichen zu lassen. Wird zu schnell, zu intensiv oder zu häufig behan-delt, verschlechtert sich das Ergebnis wieder. „Viel hilft viel" stimmt auch hier nicht.

Gerade bei Eltern, die den dramatischen Besserungseffekt der Manipulationsbe-handlung miterlebt haben, entsteht manchmal eine Überbesorgtheit. Jede kleine Hal-tungsstörung treibt sie zum Arzt. Man sollte da nicht übertreiben; Sie müssen in der Nachbehandlungsphase keine besondere Vorsicht walten lassen. Bei Erkältungen oder anderen Anstrengungen kann es sein, daß Ihr Kind den Kopf für einige Tage wieder schiefer hält; das ist noch kein Grund zur Sorge. Erst wenn sich diese Fehl-haltung über mehr als eine Woche fortsetzt, sollte man an eine Kontrolluntersuchung denken; rufen Sie uns im Zweifelsfalle ruhig an!

Bitte bringen Sie Ihr Kind spätestens vor der Einschulung nochmals zur Untersu-chung zu uns oder einem entsprechend versierten Kollegen, um die Halswirbelsäule zu kontrollieren. An diesem einschneidenden Übergang vom freien Spielen zu über-wiegendem Sitzen kommt es leicht zu halsbedingten Beschwerden, die bei Kindern nur schwer als solche zu erkennen sind. Bei Babies, in deren Verwandschaft Skolio-sefälle o.ä. bekannt sind, sollte man regelmäßiger – d.h. alle drei Monate – kontrol-lieren. Ob dies bei uns oder am Heimatort durch den dortigen Kinderarzt oder Kin-derorthopäden geschieht, besprechen wir mit Ihnen.

Merkblatt manuelle Therapie bei Schulkindern

Sie sind heute erstmals mit Ihrem Kind zur Behandlung gekommen. Vorausgegangen ist meist ein Gespräch mit dem behandelnden Arzt und/oder den Physiotherapeuten. Die Möglichkeiten und Grenzen unserer Therapie sind im folgenden kurz skizziert. Dies soll es Ihnen erleichtern, uns weitere Fragen zu stellen.

Wir haben in den letzten Jahrzehnten gelernt, viele Auffälligkeiten bei Schulkin-dern (auch) unter dem Blickwinkel der Wirbelsäule zu betrachten[1].

---

[1] Wir kennen dies als senso-motorische Diskybernese. Andere sprechen von Minimal Cerebral Damage, psycho-organischem Syndrom und anderen Diagnosen. Recht hat schlußendlich der, der den Kindern am einfachsten helfen kann.

Kopfschmerzen zum Beispiel sind ganz häufig von Störungen der Wirbelsäule (mit-)verursacht. Am auffälligsten ist dies natürlich bei Haltungsschwächen, und dies ist auch in der Regel der Grund für die Vorstellung bei uns. Daß der Effekt von Einschränkungen der Wirbelsäulen-Beweglichkeit noch weitergehen kann, sei an einem Beispiel erläutert.

Ein Kind, das – oft schon seit der Säuglingszeit – seinen Hals nicht frei bewegen kann, wird dies mit dem Thorax auszugleichen versuchen. Meist ist für Außenstehende kaum sichtbar, daß die Mobilität des Halses eingeschränkt ist. Die Koordination von Auge und Hand, das Gleichgewichthalten und ganz allgemein die Orientierung im Raum hängen aber ganz wesentlich von diesem Bereich ab. Wenn hier eine Fehlfunktion stört, hat das Kind mit vielem Schwierigkeiten, bei denen die Verbindung zur Wirbelsäule nicht offensichtlich ist:

- Balancieren, Fahrradfahren, Stelzenlaufen werden nur schwer erlernt.

- Durch fehlende Sicherheit haben diese Kinder Höhenangst und fürchten sich vor neuen ungewohnten Situationen.

- Schlechtere Koordination führt dazu, daß man ungeschickt ist, „ein Tölpel". Man wird von den Erwachsenen gescholten und von den Spielkameraden gehänselt.

- Wenn man sich räumlich schlecht orienteren kann, hat man auch mit dem Hören Probleme, da dann das Ausfiltern unwichtiger Nebengeräusche erschwert wird[2]. Deshalb wirken solche Kinder oft unkonzentriert.

- Von der räumlichen Orientierung ist es nur ein kleiner Schritt zum Zahlenraum, d.h. dem mathematischen Verständnis.

- Wenn man immer wieder an kleinen Aufgaben des Alltages scheitert, ist schon ein Erwachsener frustiert und reizbar; Kinder um so mehr. Sie reagieren ungeduldig, aggressiv.

- Zu langsam, zu ängstlich, zu tolpatschig: solche Kinder ziehen sich zurück, vermeiden Situationen, wo sie ein Scheitern fürchten. So werden sie zu Einsiedlern, Eigenbrötlern.

Man sieht schon an dieser Aufstellung, daß man bei einem so breiten Spektrum natürlich sehr oft einen „Treffer" hat. Fast alle Kinder passen irgendwann irgendwo in dieses Schema. Man sieht aber auch, wie sich auf einfache motorische Probleme im Laufe der Zeit Schwierigkeiten bis in den Sozialbereich der Kinder aufpfropfen können.

Wann sollte man an eine Untersuchung der Wirbelsäule denken? Im Grunde genommen bei allen Kindern, die Koordinationsschwierigkeiten oder auch Kopfschmerzen und Haltungsprobleme haben. Findet man bei diesen Kindern eine Funktionseinschränkung der Wirbelsäule, ist ein probeweises Behandeln der beste Test.

---

[2] Jeder kann dies selbst ausprobieren, indem er ein Ohr zuhält. Man ist erstaunt, wie sehr sich dadurch der Höreindruck verändert und wieviel schwerer man einem Gespräch bei Hintergrundgeräuschen folgen kann.

Unsere Therapie richtet ihr Hauptaugenmerk auf dem oberen und unteren Wirbelsäulenbereich (dem Übergang zur Schädelbasis und in den Beckenring). Von hier aus wird die gesamte Wirbelsäule auf der Basis einer Röntgenbildauswertung untersucht und – so nötig – behandelt. Gerade beim ersten Mal findet man fast immer etliche Problemzonen, die je nach Lage mehr oder weniger intensiv therapiert werden. Wir wissen, daß sich manche Blockierungen von selbst lösen, wenn erst der Übergang von Wirbelsäule zu Schädel bzw. Becken frei ist. Deshalb muß man nicht sklavisch alles „knaxen", was man findet. Ergänzend werden wir nicht selten den Physiotherapeuten Anregungen geben, wie deren Behandlung optimiert werden kann.

Im Einzelfall ist es nie genau zu sagen, was und wie lange wir durch die manuelle Behandlung der Wirbelsäule bessern können, doch bei vielen Kindern stellt sich nach der Behandlung eine Normalisierung der Koordination und Haltung ein.

Es ist *sehr wichtig*, dem kindlichen Organismus Zeit genug zu lassen, sich mit der veränderten Beweglichkeit der Wirbelsäule auseinanderzusetzen. Wir bitten Sie deshalb, die Kinder in der ersten Phase nicht zu überlasten. Deshalb mindestens zwei Wochen keine gezielte Krankengymnastik (von Ausnahmen, die wir mit Ihnen besprechen, abgesehen) und vier Wochen keine Überbelastung des Halses, d.h. kein Purzelbaum, Kopfstand, Kopfsprung ins Wasser, Kopfballtraining etc. Nicht selten geben die Kinder in den Tagen nach der Behandlung vorübergehend Muskelkater, Kopfschmerzen o.ä. an. Man sollte hier einfach einige Tage abwarten; fast immer legt sich das von selbst.

Als Abstand zur ersten Kontrolluntersuchung haben sich acht Wochen bewährt. Dann können Sie (und Ihr Kind) sagen, was die Behandlung selbst gebracht hat. Bei einem Kontrolltermin wird dann der Befund überprüft und wir besprechen mit Ihnen, welche weiteren Maßnahmen – wenn überhaupt – nötig sind. Oft genügt eine ganz grobmaschige Kontrolle, zumal wenn keine weiteren Probleme vorliegen. Dann sehen wir die Kinder ein- bis zweimal pro Jahr oder bei Bedarf, d.h. wenn Ihnen etwas auffällt oder die Kinder z.B. wieder über Kopfschmerzen klagen.

Merkblatt manuelle Therapie bei Cerebralparese

Sie sind heute erstmals mit Ihrem Kind zur Behandlung gekommen. Vorausgegangen ist meist ein Gespräch mit dem behandelnden Arzt und/oder den PhysiotherapeutInnen. Die Möglichkeiten und Grenzen unserer Therapie sind im Folgenden kurz skizziert. Dies soll es Ihnen erleichtern, uns Ihre weiteren Fragen zu stellen.

Eine Diagnose wie „spastische Diplegie" oder „Athetose" beschreibt Auffälligkeiten der Motorik, die wir mit bestimmten Störungen des Nervensystems, und vor allem des Zentralnervensystems (ZNS, will sagen: Gehirn) in Verbindung bringen. Dies kann viele Ursachen haben, sei es angeborene, genetisch bedingte Schwächen, während der Geburt erlittene Schäden oder später z.B. durch Infektionen oder Unfall verursachte Krankheitsbilder. Allen gemeinsam ist die Störung gewisser Hirnfunktionen, die für die richtige Steuerung der Bewegungen wichtig sind.

Um einen technischen Vergleich zu wählen: man kann mit einem kleinen Radio etwas anfangen, wenn der Sender stark ist, hört aber nur Rauschen, wenn die Ausgangsstation schwach sendet. Hat man dann einen guten Empfänger, geht's immer noch: wenn also der Sender Mängel aufweist, die man nicht angehen kann, ist man gut beraten, ein möglichst leistungsfähiges Radio zu benutzen.

Die Situation bei cerebralen Schädigungen ist komplizierter; trotzdem kann man einiges aus diesem Vergleich anwenden:

Sie wissen aus der Beobachtung des Erfolges der Physiotherapie, wie viel man Ihrem Kind dabei helfen kann, diese nicht funktionierenden Bereiche zu ersetzen, indem man durch geduldiges Üben die an sich vorhandenen Entwicklungsmuster weckt und verstärkt. Schon hier werden von vielen Physiotherapeuten Techniken der manuellen Medizin eingesetzt.

Parallel zu der verkrampften oder fehlenden Bewegung entsteht durch die falsche Belastung der Gelenke vor allem im Bereich der Wirbelsäule häufig eine nachhaltige Fehlstellung der Gelenke, die dann zusätzlich einen Teil ihres Bewegungsumfangs verlieren. Man kann dies „Blockierung" nennen. Dadurch wird der „Empfang" der Impulse in der Peripherie weiter erschwert, da die Qualität des vom Gehirn Gesendeten weiter abnimmt. Die (Ver-)Spannung der Muskulatur wird dadurch ungünstig beeinflußt und das Bewegen für Ihr Kind noch schwieriger.

Hier setzt unsere Therapie an: mit dem Hauptaugenmerk auf dem oberen und unteren Wirbelsäulenbereich (dem Übergang zur Schädelbasis und in den Beckenring) wird die gesamte Wirbelsäule auf der Basis einer Röntgenbildauswertung untersucht und – so nötig – behandelt. Gerade beim ersten Mal findet man fast immer etliche Problemzonen, die je nach Lage mehr oder weniger intensiv therapiert werden. Wir wissen, daß sich manche Blockierungen von selbst lösen, wenn erst der Übergang von Wirbelsäule zu Schädel bzw. Becken frei ist. Deshalb muß man nicht sklavisch alles „knaxen", was man findet. Ergänzend werden wir nicht selten den Physiotherapeuten Anregungen geben, wie deren Behandlung optimiert werden kann.

Wir können im Einzelfall nie genau sagen, wieviel und wie lange wir durch die manuelle Behandlung der Wirbelsäule bessern können, doch bei vielen Kindern stellt sich nach der Behandlung eine Verbesserung der Koordination und Haltung ein. Anders als z.B. bei Säuglingen, bei denen in der Regel nur eine Behandlung erforderlich ist, muß man bei Ihrem Kind davon ausgehen, daß die Behandlung wiederholt werden muß.

Es ist *sehr wichtig*, dem kindlichen Organismus Zeit genug zu lassen, sich mit der veränderten Beweglichkeit der Wirbelsäule auseinanderzusetzen. Wir bitten Sie deshalb, die Kinder in der ersten Phase nicht zu überlasten. Deshalb mindestens zwei Wochen keine gezielte Krankengymnastik (von Ausnahmen, die wir mit Ihnen besprechen, abgesehen) und vier Wochen keine Überbelastung des Halses, d.h. kein Purzelbaum, Kopfstand, Kopfsprung ins Wasser, Kopfballtraining etc.

Als Abstand zur ersten Kontrolluntersuchung haben sich sechs bis acht Wochen bewährt. Dann können Sie sagen, was die Behandlung selbst gebracht hat, wie sich danach die Physiotherapie angelassen hat, und wie lange die Besserung angehalten hat. Man muß davon ausgehen, daß oft nach einigen Wochen einige Besserungen wieder abnehmen. Das ist normal und kein Grund zum Kummer, da man bei der Kontrolluntersuchung und -behandlung dann entscheiden kann, in welchen Abständen eine Behandlung sinnvoll ist. Meist genügt ein Termin alle drei Monate. Oft sehen wir bei der Kontrolle, daß längst nicht mehr alle Verspannungen, die beim ersten Mal zu finden waren, zurückkamen.

Es ist ganz außerordentlich wichtig für die weitere Behandlung, daß Sie die Veränderungen *genau notieren*. Man sollte das in wöchentlichen Abständen tun. Es hilft uns auch sehr, wenn Sie einen kleinen Bericht der/des behandelnden Krankengymnasten mitbringen. Das ist kein Ersatz für Ihre Beobachtungen, sondern eine Ergänzung. Aus beiden Berichten und der Kontrolluntersuchung setzt sich dann der Befund zusammen. *Der schriftliche Bericht ist Grundlage der weiteren Behandlung.*

Die manuelle Therapie kann Kinder mit cerebralen Problemen nicht heilen; sie kann aber die Auswirkungen der Grunderkrankung lindern und dadurch einen Beitrag zum Gedeihen des Kindes liefern. In diesem Rahmen möchten wir Ihnen und Ihrem Kind helfen.

– CP-Kontrollbogen –

Betrifft:

Name . . . .
Vorname . . . .
Geburtstag . . . . 19 . . .

Bitte stellen Sie sich diese Fragen *einmal wöchentlich* bis zur Wiedervorstellung, am besten in einer kleinen Kladde:

Welche Änderungen haben Sie festgestellt
– im Vergleich zur Zeit vor der Behandlung bei uns
– im Vergleich zur Woche vorher
Welche Beschwerden besserten sich oder verschwanden?
Was ist unverändert oder nur wenig gebessert?
Was hat sich wieder verschlechtert?
Welche sonstige Therapie (auch Sport o.ä.) fand diese Woche statt?
Haben Sie noch zusätzliche Bemerkungen?

Wichtig ist vor allem, wie lange nach der Behandlung bei uns eine Änderung eingetreten ist, und ob diese anhielt (bzw. nach wie langer Zeit es wieder schlechter wurde).

Bitte bringen Sie beim Kontrolltermin möglichst eine schriftliche Notiz der PhysiotherapeutInnen und/oder Kindergarten- bzw. Schulbetreuer Ihres Kindes mit. Es ist meist schwer, zwischen Verbesserungen zu trennen, die ohnehin oder durch andere Behandlungen gekommen sind und dem, was unsere Therapie helfen konnte.

Wir sind für die weitere Behandlung ihres Kindes und die wissenschaftliche Auswertung auf Ihre Mitarbeit angewiesen. Nur so können wir – gemeinsam mit Ihnen – herausfinden, ob und in welchen Abständen eine Behandlung Ihres Kindes hier bei uns sinnvoll ist.

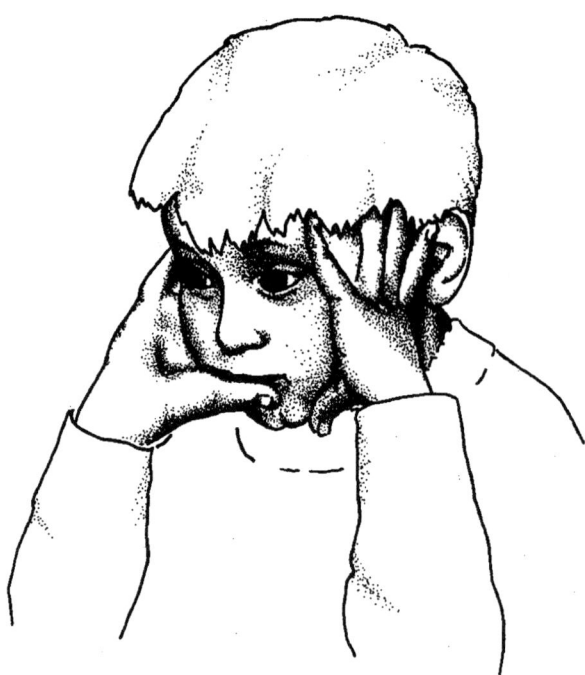

Abb. 4.1   Der müde Kopf.

Das Haltungs-Merkblatt

Sehr geehrte Patientin, sehr geehrter Patient, liebe (Patienten-)Eltern!

Wenn ein Kind so dasitzt, nützt es wenig, durch Ermahnen oder Drohen ein „gerades Sitzen" zu erzwingen. Natürlich wird der Sprößling – je nach Einfühlungsvermögen und Wirksamkeit der Drohungen – für Sekunden oder Minuten gerader sitzen; lange dauert der angestrebte Zustand in keinem Fall (Abb. 4.1).

Das Aufstützen des Kopfes ist ein unbewußter Schutz vor der Überlastung der Haltestrukturen des Halses. Unsere Muskulatur bleibt nur wenige Minuten aktiv, wenn wir eine Haltung einnehmen; dann überläßt sie die Arbeit den Bändern und Gelenkkapseln. Wie lange diese der Belastung gewachsen sind, ist alters- und veranlagungsbedingt; der eine schafft's Stunden, dem anderen wird's schon nach Minuten zu viel – oder er „hibbelt" auf seinem Platz hin und her, um dadurch unbewußt die Muskeln zu aktivieren.

Viel Geld wird für Sitze ausgegeben, der *Arbeitsfläche* aber wenig Augenmerk geschenkt. Sie können selbst ein kleines Experiment machen, wie wichtig die Orientierung der Schreibfläche für unser Sitzen ist: beobachten Sie jemanden, der an einem flachen Tisch eine Zeitung oder ein Buch liest, und stellen Sie diesen dann etwas schräg; Sie werden sehen, daß sich die Haltung ganz automatisch bessert.

Dies gilt für alle, deren Bänder relativ dehnbar sind, seien es Kinder und Jugendliche – auf die das besonders zutrifft – oder manche Erwachsene. Wir sprechen dann von einer *konstitutionellen Hypermobilität*, d.h. veranlagungsbedingt überbeweglichen Gelenken. Auch diesen Erwachsenen empfehlen wir, ein solches Schrägpult zu verwenden. Für kurze Zeit am flachen Tisch (s.o.) ist das nicht so wichtig. Wenn man aber länger am Schreibtisch arbeitet, um ein Buch zu studieren, etwas zu zeichnen oder eine Klassenarbeit zu schreiben, „verfällt die Haltung" mit allen langfristigen Konsequenzen, die von einfachen Nackenverspannungen bis zu – manchmal migräneartigen – Kopfschmerzen und Schwindel reichen können.

Sie erhalten von uns die Bezugsquelle eines preiswerten und zusammenklappbaren Tischaufsatzes, der von einem ehemaligen Patienten für uns gefertigt wird. Wenn Sie handwerklich geschickt sind, können Sie sich ähnliches auch selber bauen (ein Anstellwinkel von ca. 20° ist optimal). Wahlweise kann man sich auch ein Stehpult zulegen, was aber vor allem für Erwachsene sinnvoll ist.

Zum Arbeiten am Computer

Wenn man „nur" am Computer schreibt, ist die Haltung meist gar nicht so schlecht; es sind dann andere Faktoren, die ermüden, wie z.B. ein schlechter Bildschirm oder eine hakelige Tastatur. Sollten Sie aber von Vorlagen Daten in den Computer übertragen ist es *eminent wichtig*, diese neben dem Bildschirm zu plazieren. Oft werden diese Schriftstücke auf den flachen Tisch gelegt und der Betreffende pendelt mit seinem Blick stundenlang zwischen Bildschirm, Tastatur und Vorlage hin und her.

Vorlagenhalter verschiedenster Bauweise werden im Fachhandel angeboten; das geht bis zu Modellen, die eine Markierung per Fußtaste über den Text schieben, um die aktuelle Stelle zu markieren. Bitte befragen Sie hierzu Ihren Büromöbel- oder Computerlieferanten. Wenn Sie eine entsprechende Bescheinigung für Arbeitgeber oder Kostenträger benötigen, sagen Sie uns bitte Bescheid.

Noch ein Wort zu den sogenannten *Balans*-Stühlen: Diese Sitzmöbel sind für manche Formen von Wirbelsäulenbeschwerden durchaus sinnvoll, können aber nicht die starke Vorbeuge bei flacher Schreibfläche ausgleichen. Außerdem sitzt man auf ihnen in einer festen Haltung, man kann nicht variieren. Unserer Erfahrung nach sind sie deshalb bestenfalls als Ergänzung zu normalen Stühlen sinnvoll. Ähnliches gilt für die *Pezzi*-Bälle; für eine gewisse Zeit – zum Beispiel um seine kinetische Energie auszutoben – o.k.; für den ganzen Tag, alle Hausaufgaben, für stundenlanges Sitzen aber nicht.

5 Literaturübersicht

Die hier erwähnten (und in alphabetischer Autorenfolge aufgeführten) Bücher sind eine willkürliche Stichprobe dessen, was mir als interessant unterkam. Kein Anspruch auf Vollständigkeit geht dem voraus.

BAHNEMANN, F.: Anthropologische Grundlagen einer Ganzheitsmedizin (Haug, Heidelberg) 1992
Hier setzt sich ein Kieferorthopäde mit „unserem" Gebiet auseinander. Vom Geburtstrauma über die Zusammenhänge zwischen Haltung, Mundschluß und Zahnstand kommt er von einem völlig anderen Ausgangspunkt zu überraschenden Parallelen zu dem, was uns aufgefallen war.

CRAMER, A., J. DOERING, G. GUTMANN: Geschichte der Manuellen Medizin (Springer, Berlin-Heidelberg-New York) 1990
Das derzeit umfangreichste Buch für die, die sich mit der Geschichte der Manuellen Medizin in Deutschland beschäftigen wollen.

DITFURTH, H. V.: Zusammenhänge (Droemer, München) 1990
Der vor einigen Jahren verstorbene Autor ist immer noch einer der fesselndsten Mittler zwischen den naturwissenschaftlichen Spezialisten und „normalen Menschen". Gerade was die Entwicklung und Wirkungsweise unseres Organismus angeht, bekommt man Informationen serviert, die auch für Kenner (wofür man sich ja als Arzt hält) neu sind.

FLEHMIG, I.: Normale Entwicklung des Säuglings und ihre Abweichungen (Thieme, Stuttgart-New York) 1990
Die Autorin gilt zu Recht als eine der wichtigsten Vertreter der Kinderneurologie. Das Buch richtet sich an Ärzte und Physiotherapeuten, ist also nicht ohne weiteres für Laien „verdaulich", aber gut bebildert und anschaulich.

GOULD, S. J.: Der Daumen des Panda (Suhrkamp, Frankfurt/Main)
Für meine Begriffe das „rundeste" Buch der vielen Essaybände, die der Autor veröffentlicht hat. In all seinen Essays gelingt es ihm, den Bogen von der Naturbeobachtung zur wissenschaftlichen Analyse und schließlich zur philosophischen Betrachtung zu schlagen. Exzellentes Antidot gegen zu vereinfachende „Naturwissenschaft".

HASSENSTEIN, B.: Verhaltensbiologie des Kindes (Piper, München) 1987
Das klassische Buch der kindlichen Verhaltensforschung. Inzwischen in der 4. Auflage, bietet es auf über 600 Seiten einen umfassenden Überblick über die normale und gestörte kindliche Entwicklung. Sehr prägnant, und bewußt für Eltern und Lehrer geschrieben. Aufgrund der Fülle des Materials eher Ferienlektüre.

JANUS, L.: Wie die Seele entsteht. Unser psychisches Leben vor und nach der Geburt (DTV, Stuttgart) 1993
Ein gut und spannend lesbarer Überblick über unseren Kenntnisstand der vorgeburtlichen Entwicklung der Kinder mit vielen verblüffenden Informationen.

KRÄMER, W.: So lügt man mit Statistik/So überzeugt man mit Statistik (Campus, Frankfurt) 1994
Hiervon stammt die „Storchenstatistik". Für Nichtmathematiker gut verständliche und amüsante Bücher zu einem immer wichtigeren Thema.

LEWIT, K.: Manuelle Medizin (J. A. Barth, Heidelberg-Leipzig) 1992
Meines Erachtens das umfassendste und grundlegendste Buch zum Thema. Frucht eines Lebens für die Manuelle Medizin ist es von enzyklopädischer Reichweite. Für Profis geschrieben.

PAYER, L.: Andere Länder – andere Leiden. Ärzte und Patienten in England, Frankreich, den USA und hierzulande (Campus, Frankfurt) 1992
Ein wunderschönes Buch, das uns plastisch vor Augen führt, wie unsere Vorstellungen von Krankheit und Gesundheit durch die Kultur geprägt werden, in der wir sie empfinden.

VOJTA, V., A. PETERS: Das Vojta-Prinzip (Springer, Berlin-Heidelberg-New York) 1992
Darstellung der gleichnamigen Untersuchungs- und Behandlungsmethode. Für Profis.

ZINKE-WOLTER, P.: Spüren – Bewegen – Lernen (Verlag modernes Lernen, Dortmund) 1991
Ein anschaulich und engagiert geschriebenes Buch über mehrdimensionale Frühförderung behinderter Kinder. Auch für betroffene Eltern lesbar und verständlich. Diesem Buch verdanke ich etliche Definitionen des Glossars.

6 Glossar

Abduktion: Abspreizung
Abusus: Mißbrauch von Suchtmitteln wie Nikotin und Alkohol
ADD: Attention Deficit Disorder; Verhaltensstörung (vergleichbar mit MCD und POS)
Adduktion: Hinziehen zur Mittellinie des Körpers
Anaesthesie: Schmerzbetäubung
Anamnese: Vorgeschichte des Kranken
Antagonist: Muskel, der eine dem Agonisten entgegengesetzte Bewegung ausführt
Aphasie: mangelnder Sprachausdruck
ASR: Achillessehnenreflex
Ataxie: Störung der Bewegungskoordination
Athetose: Bewegungsstörung mit überschießenden unwillkürlichen Bewegungen
ATNR: asymmetrisch tonischer Nackenreflex
auditiv: dem Hören dienend
Auskultieren: Abklopfen von Thorax und Bauchdecken zur Untersuchung

bi- als Vorsilbe: doppelt, beidseitig; z.B. bipedal fi auf zwei Füßen
BNS-Krämpfe: Blitz-Nick-Salaam-Krämpfe, schwere Form der Säuglingsepilepsie
BWS: Brustwirbelsäule

caudal: zum unteren Körperpol hin (eigentlich: „schwanzwärts")
cerebellar: das Kleinhirn betreffend
Cerebellum: Kleinhirn
cerebral: das Großhirn betreffend
Cerebrum: Großhirn
Chromosom: DNS-Strang im Zellkern, Träger der Erbmasse
contralateral: auf der gegenüberliegenden Seite
Corpus: Körper
Cortex: Großhirnrinde
cortical: die Großhirnrinde betreffend
CP: Cerebralparese, cerebrale Entwicklungsstörung
CT: Computertomographie, rechnergestütztes Röntgenverfahren

Dendrit: Fortsatz der Nervenzelle
Deprivation: Vereinsamung
desensibilisieren: Unempfindlichmachen
Diparese: Bewegungsstörung der unteren Extremität
Disposition: Veranlagung, Krankheitsbereitschaft
distal: vom Rumpf entfernt
DNS: Desoxiribonukleinsäure, Baustein der Erbinformation

Dominanz: ererbtes Vorherrschen der einseitigen Handmotorik
dorsal: rückenseitig
Dystrophie: mangelnde Ausbildung der Muskulatur z. B. durch Stoffwechselstörung

EEG: (Elektroencephalogramm) Hirnstrommessung zur neurologischen Untersuchung
Efferenz: Herausführen, hier: vom Zentralnervensystem zur Muskulatur
Embryo: ungeborenes Kind bis zum 3. Monat
EMG: Elektromyogramm, mißt die bioelektrischen Muskelimpulse
Encephalitis: Viruserkrankung des Zentralnervensystems
Evolution: Entwicklungsgeschichte
extrapyramidal: außerhalb der Pyramidenbahn, hier: unwillkürliche Bewegung

feedback: steuernde Rückmeldung bzw. Rückkopplung
fötal, fetal: die vorgeburtliche Zeit betreffend
Fötus, Fetus: ungeborenes Kind vom 3. Monat an
fokal: den Krankheitsherd (Focus) betreffend
Formatio reticularis: Hirnstruktur im Stammhirn
Fraktur: Knochenbruch

Ganglion: Funktionsgruppe von Nervenzellen
Gen: Baustein der Erbsubstanz
genetisch: die Vererbung betreffend
gustatorisch: den Geschmack betreffend
Gyrus: Hirnwindung, Wulst

Händigkeit: Handbevorzugung auf einer Seite
Hemiparese: halbseitige Bewegungsstörung
Hemisphäre: Halbkugel, hier Hirnhälfte
Homo erectus: der erste aufrecht gehende Vorläufer des Menschen
HWS: Halswirbelsäule
Hyper- als Vorsilbe: zuviel von etwas, z.B. Hypertonie → zu hoher Blutdruck
Hypo- als Vorsilbe: zuwenig von etwas, z.B. Hypomotorik → zu wenig Bewegung

induzieren: bewirken
inferior: unten liegend
Indikation: Anhaltspunkt, Kennzeichen
Inkubator: Brutkasten
Inkompatibilität: Unverträglichkeit
Innervation: Nervenerregung, Nervenversorgung
Input: Eingabe
Integration: Einordnen in das Gesamtkonzept
interagieren: wechselseitig zusammenwirken
Interaktion: Wechselbeziehung zwischen zwei Ereignissen
interior: innen liegend
Intoxikation: Vergiftung

intrauterin: innerhalb der Gebärmutter
intra partum: während der Geburt
isometrisch: Muskelarbeit durch Spannungsänderung ohne Bewegung
isotonisch: Muskelarbeit durch Bewegung bei gleichbleibender Spannung

Kernspinresonanztomographie: Diagnosemethode, dem CT vergleichbar
Kinästhesie: Bewegungsempfindung
kognitiv: erkenntnismäßig
konkav: an der Innenseite einer Biegung liegend
Kontraktur: dauernde Verkürzung von Muskeln oder Sehnen
konvex: an der Außenseite einer Biegung liegend
kontralateral: auf der entgegengesetzten Seite, gekreuzt
Koordination: harmonisches Zusammenwirken von Muskeln und Bewegungen
Korrelation: Wechselwirkung
Kyphose: Verkrümmung der Wirbelsäule nach hinten

Labyrinth: Innenohr
Läsion: Verletzung
Lagereflexe: standardisierte Tests zur neurologischen Untersuchung von Kindern
Latenzzeit: Zeit zwischen Reiz und Reaktion
Lateralisation: Funktionsverlagerung auf eine Körperseite
Lautieren: Vorstufe des Sprechens
Limbisches System: verbindendes Funktionsgebiet zwischen Hirnstamm und Groß-
    hirn

manuell: mit der Hand
MCD: minimale cerebrale Dysfunktion, leichte Hirnfunktionsstörung
mechanistisch: die mechanisch überbetonende, zu einfache Sichtweise
medial: mittig, in der Mitte
Medulla oblongata: verlängertes Mark
Memory-Zellen: Erinnerungsfelder in der Hirnrinde
Meningitis: Hirnhautentzündung
metabolisch: im Stoffwechsel entstanden
Metabolismus: Stoffwechsel
Modus: Art, Weise
monomanuell: einhändig
Monoparese: Bewegungsstörung einer Extremität
monosynaptischer Reflex: Reflex, der über nur eine Synapse geschaltet wird
Motilität: Beweglichkeit
Motorik: aktive Bewegungsvorgänge

neonatal: in der Neugeborenzeit
Neuron: Nerveneinheit, bestehend aus Ganglienzelle, Neurit und Dendrit
NMR (Nuclear Magnetic Resonance): Kernspinresonanztomographie: Diagnoseme-
    thode

Ontogenese: Entwicklungsgeschichte des Einzelwesens von der Eizelle bis zum Tod
Opisthotonus: Überstreckung von Kopf und Rumpf nach hinten
Opposition: Gegensatz, Gegenstellung
Output: Ausgabe

Paralyse: komplette Lähmung
paravertebral: neben der Wirbelsäule
Parese: Teillähmung
Patella: Kniescheibe
Pathologie: Krankheitslehre
peripartal: unter der Geburt
Persistenz: Fortbestehen
Phylogenese: Stammesentwicklung
Plegie: motorische Lähmung ganzer Gliedmaßen
polysynaptischer Reflex: über mehrere Synapsen geschalteter Reflex
Pons: Brücke, Kreuzungsstelle der Pyramidenbahn
Population: Bevölkerung
POS: psycho-organisches Syndrom; ähnlich wie MCD (s.o.)
postpartal: nach der Geburt
Posturale: Haltungs-
präpartal: vor der Geburt
Prognose: Vorhersage, Aussicht auf den Krankheitsverlauf
progredient: fortschreitend
Pronation: Einwärtsdrehung (d. Armes)
Proriozeptoren: Fühler für Druck- und Lagegefühl
protrahiert: vorgezogen
proximal: dem Körperzentrum nahe
PSR: Patellarsehnenreflex
Pyramidenbahn: die Gesamtheit der absteigenden Leitungsbahnen zur Muskulatur

Radius: Speiche, der auf der Daumenseite liegende Unterarmknochen
Rezeptor: Empfänger, Aufnahmeorgan für Sinnesreize
Reflex: unwillkürliche Muskelkontraktion, durch äußere Reize hervorgerufen
Rehabilitation: Wiedereingliederung eines Kranken
Resistenz: Widerstandskraft gegen Krankheiten oder Medikamente
rigide: steif, starr
Rigidität: Starrheit, Bewegungslosigkeit durch Steifheit

Salivation: Speichelfluß
Sectio caesarea: Kaiserschnitt, operative Entbindung
Segment: Wirbelsäulenabschnitt mit den zugehörigen Nerven und Geweben
Sensorik: die Sinneswahrnehmung
sensorisch: den Sinnesorganen zugehörig
sensomotorisch: Wahrnehmung und Bewegung betreffend
signifikant: eindeutig (viel mißbrauchter Begriff)
Skoliose: seitliche Verkrümmung der Wirbelsäule

Spasmus: vermehrter Spannungszustand
spastisch: dauerhaft verspannt
spinal: zum Rückenmark gehörend
Stellreaktion: Einstellung des Körpers zu einer Lageveränderung
Stimulation: Anregung, Reizung
STNR: symmetrisch tonischer Nackenreflex
Strabismus: Schielen
Symphyse: Schambeinfuge, vordere Verbindung der beiden Beckenschaufeln
Synapse: Kontaktstelle zwischen Nervenzellen
Syndrom: Zusammenfassung von Krankheitssymptomen
synergistisch: zusammenwirkend

taktil: sich auf den Tastsinn beziehend
tertiär: drittrangig
Tetra- als Vorsilbe: vierfach, z.b. Tetraplegie → Lähmung der vier Gliedmaßen
Thalamus: graue Kernmasse des Zwischenhirns
TLR: tonischer Labyrinthreflex
Tomographie: Schichtaufnahmeverfahren von Organen oder Körperteilen
Tonus: Spannung, Muskelspannung
Topographie: Beschreibung der Körperteile und der Lageverhältnisse
Torsion: Drehung
Transfer: Übertragung z.b. einer Hirnfunktion von der einen auf die andere Seite
Transport: Beförderung, Übertragung z.B. von Druck und Gewicht
Triceps surae: Gruppe der Wadenmuskeln
Trimenon: Dreimonatsspanne

Ulna: Elle, der an der Kleinfingerseite liegende Unterarmknochen
ulnar: zur Elle gehörend
unilateral: einseitig

Vakuum-Extraktion: Entbindungsunterstützung durch Saugglocke
vegetatives Nervensystem: der willkürlichen Beeinflussung entzogenes N.
ventral: den Bauch betreffend
verbal: in Worte gefaßt
vertikal: senkrecht
vestibulär: das Gleichgewichtsorgan betreffend
visuell: das Sehen betreffend
Vorderseitenstrangbahn: Leitungsbahn für Schmerz und Temperatur

zerebral: cerebral, das Großhirn betreffend
ZNS: Zentralnervensystem

7 Sachregister